国家社会科学基金重大项目成果

教育部人文社会科学重点研究基地成果

中国语言文学国家双一流建设学科成果

顾问 李英哲 陆俭明 周清海 李宇明

GLOBAL VARIATION OF CHINESE GRAMMAR

全球华语语法

总 主 编 邢福义

副总主编 汪国胜

美 国 卷

主编 陶红印

商务印书馆
The Commercial Press
创于1897

全球华语语法

顾　　问　李英哲　陆俭明　周清海　李宇明
总 主 编　邢福义
副总主编　汪国胜

美国卷

主　　编　陶红印
作　　者　詹卫东　田飞洋　张　洁　邱新富
　　　　　陈卫恒　肖　云　刘娅琼

前　言

一

　　2011 年,我们提出并获批国家社会科学基金重大项目"全球华语语法研究"。当时提出这一项目,是基于两方面的背景。

　　其一,适应国家发展的需要。随着我国综合国力的日益增强和国际地位的不断提高,华语(汉语)的使用范围越来越广,国际影响也越来越大,但由于社会、历史和地理等方面的原因,地区华语在语音、词汇、语法上形成了不少差异,给人们的言语沟通带来了不同程度的困难。如何沟通地区华语,使华语充分发挥其交际功能,这关系到华语在全球背景下的进一步发展,也关系到国家形象的展示。开展本项目研究,有利于促进华语的交际畅通和国际传播,有利于增强全球华人的民族认同,使华语成为全球华人大团结的纽带。

　　其二,回应国际华人学者的倡议。对于全球华语的研究,以往未能受到学界的足够关注和重视。2005 年启动、2010 年完稿出版的《全球华语词典》,只涉及词汇层面。对于全球华语的语法问题,学界至今无人提出研究计划。2009 年,周清海先生提出,应将全球华语语法提上研究日程,并多次与我们沟通,希望以华中师范大学语言与语言教育研究中心为依托,立项并组织对全球华语语法的研究。这一倡议,反映了世界华人的寄托和期望。作为教育部人文社会科学重点研究基地,我们有责任也有义务,用实际行动做出积极的回应。

二

　　本项目是一项涉及面广、情况复杂、问题繁难的浩大学术工程。第一,华人遍及五大洲,华语通行全世界,如此广泛的地区分布,如此众多的使用人口,这是除英语之外的其他语言所难以相比的。第二,华语的使用情况十分复杂,在不同的华人社区,在不同的历史时期,由于政治、经济、文化等方面的制约和影响,表现出各不相同的形态。第三,世界华语的研究,涉及很多深难的问题。就语法来说,其差异不像语音和词汇那样较为容易发现和描写,往往需要在更深的层次上才能观察到内部的不同;还有,促成华语语法在不同区域形成变异的因素有哪些?如何消除歧异、使之逐渐趋于一致,以便于华人之间的相互交流与沟通?在华人交往日趋频繁的今天,华语语法将会如何发展?这些都是研究中将会触及到并需做出回答的问题。正因为本项目工程浩大,任务繁重,我们经过反复的酝酿和构思,并多方听取意见,才形成项目实施的基本思路,概括起来就是:近远布局;实论结合;主次兼顾。

"近远布局"是就工作部署来说的。本项目涉及那么多的国家和地区,涉及那么多复杂的问题,不可能毕其功于一役,因此需要由"近"及"远",分期部署,分步推进。整体工程拟分为两期:"一期"是单点的事实调查和描写;"二期"是各点的比较与研究。"一期"先选择最具代表性的若干区域,重点调查,积累经验;再推及需要考察的其他区域,全面调查,系统总结。作为"一期"的第一步计划,我们选择了中国的台港澳地区和东南亚华人群体较大、华语使用频繁的新加坡与马来西亚,以及在欧美及澳洲具有一定典型性的美国,拟用五年左右的时间完成三地区和三国家的调查。

"实论结合"是就指导思想来说的。一方面,着力于全面地调查事实,深入地发掘规律,以展示"整体华语"的语法面貌;同时,还将通过不同社区华语语言生活的考察,分析影响语言生活、制约华语发展的各种因素。另一方面,将致力于在事实考察的基础上,进行宏观上的理论思考与总结,力求提出一些具有创新性的论说,或者提出一些具有可行性的建议。

"主次兼顾"是就研究内容来说的。面对情况各异、现象纷繁的全球华语语法,研究时该如何把握考察的对象、确定研究的内容?我们的考虑是:突出重点,兼顾其他。具体来说:重点调查中国台港澳地区和东南亚国家,同时也调查其他国家;重点调查华语共同语,在方言突出且使用频繁的区域,也调查代表性方言;重点考察语法问题,也兼顾考察相关的应用问题;重点调查口语,对于有华语纸质媒体和华语文学创作的地区,也兼顾考察书面语。

研究的过程中,我们还确定了两条原则。

一是"不求一致"。按原先的研究计划,我们要求采用统一的语法调查大纲和内容框架,术语上也要求一致。但由于各地华语的情况很不一样,要真正执行统一的要求比较困难。第一,要制定出一份统一的适用于不同区域华语的调查大纲比较难;第二,不同区域华语的差异度不一样,比如中国香港和美国。如果都要求统一的内容框架,不太现实;第三,术语的使用上,中国大陆、台湾及美国等地也有区别,难以取得一致。最后确定的意见是:能够统一当然好,但不强求一律,只要求能反映出各地华语语法的主要特点和基本面貌。对于某种语言现象的术语或命名,六卷中可能有所不同,这跟作者个人的习惯或认知有关,但我们在同一卷上力求统一,以免误解。

二是"求异去同"。异同是相对普通话而言的。在原先的项目设计中,我们要求对不同区域华语的语法做全面的调查和描写,反映其语法系统的全貌。但对差异度较小的区域华语来说,这样做显得没有必要。为了突出区域华语语法上的特点,我们确定做异不做同,把考察的重点放在语法的差异上。

三

经过 5 年的努力,我们完成了中国台湾、香港、澳门三个地区和新加坡、马来西亚、美国(洛杉矶)三个国家的调查,写出了六卷《全球华语语法》。通过这六个点的调查,我们得到了一些初步的认识。比如:

关于语法的区域差异,我们得到两点基本认识。第一,在不同的华语区,语法的差异程度很不一样。就已调查的六个点来说,香港华语的差异最大,形成了别具一格的"港式中文"。美国华语的差异最小,除了"请您先看看一下帖子的内容"(动词重叠带宾语)、"我知道我不够他聪明"(比较句)之类表述和一些带有欧化倾向的说法之外,我们没有发现更多的明显的语法差异。第二,在差异度较大的华语区,语法有其独特的一面,但从宏观上看,还是呈现出一种"大同小异"的格局。比如马来西亚华语,尽管存在着一些差异,但这些差异大多是局部的或细节上的,从大的方面来说,跟普通话还是基本一致的。比如,语序和虚词是主要的语法手段,词法和句法类型基本一致,等等。更多的则是在一些词语的组合或用法、成分的配置上表现出不同,当然也还有一些特殊的语法形式。例如,像"上述电梯、上述书本、上述道路、上述树木、上述鸡蛋、上述汽车"之类的组合,在其他华语区好像没有见到。

关于差异形成的原因,我们观察到三个方面:语言的接触、方言的影响、语言政策的作用。其实,这些原因我们都是想象得到的,但通过这次调查,我们看到了更多的具体事实。

就语言的接触来说。比如澳门华语(中文)。我们知道,葡萄牙语作为澳门的官方语言之一,在澳门已有 460 多年的历史。1849 年,葡语成为澳门唯一的官方语言;直到 1992 年,中文才又回归为官方语言,构成当前澳门社会双官方语言的局面。葡语对澳门中文的影响主要表现在词汇方面。澳门中文里存在着不少葡语的借词或根据葡语构词法构成的词语。由于葡语在历史上曾处于一语独尊的霸主地位,许多法律文件、政府公文都是用葡语起草的,然后通过直译,转换为中文,因此这样的中文往往会带有一些葡语语法的成分,被称为"葡式中文"。这种"葡式中文"就是语言接触的结果。

就方言的影响来说。方言对区域华语共同语语法的影响也是显而易见的。我们在重点调查共同语的同时,也兼顾调查比较活跃的代表性方言,比如台湾的闽语、香港的粤语,就是想进一步观察方言对共同语的渗透①。例如,台湾地区华语("国语")中的"有"字句、新加坡华语的"VVC"式,显然是受闽语影响的结果。香港卷中设了一章,专门讨论香港粤语语法对港式中文的影响。

就语言政策的作用来说。从调查中我们看到,不同国家和地区的语言政策对华语的发展起到一定的促进或抑制作用,使华语在不同的华语区呈现出不同程度的差异。比如,香港回归后,特区政府实行"两文三语"(中文和英文,普通话、粤语和英语)的政策,"港式中文"得到了进一步发展。在新加坡,李光耀先生强调,新加坡华语要跟着中国(大陆)的语言标准,向着普通话靠拢。他认为,"创造自己特点的华语,对新加坡不利,也走不出去。"(周清海《人生记忆》,世界科技出版社 2011 年)大体相似的语言环境(英语作为官方语言,

---

① 本套丛书经常会提及汉语方言,包括闽方言、粤方言、吴方言等。为遵循有关方面的政策和表述习惯,丛书中根据情况用闽语指称闽方言,用粤语指称粤方言,用吴语指称吴方言,等等。特此说明。

方言使用频繁），但在香港地区形成了别具一格的"港式中文"，而在新加坡却没有形成特点鲜明的"新式中文"。我们觉得，这应该跟香港地区和新加坡的语言政策有着一定的关系。

不同区域华语的发展，总的趋势是趋同，不会是扩大差异，将会是逐渐地缩小差异，逐渐地走向融合。一方面，随着中国国力的日益增强，国际地位的日益提升，普通话的影响将会越来越大，各地华语会以一种顺应的姿态向普通话靠拢；为了交流的通畅，消除华语的区域差异，将成为一种现实的需要和选择。另一方面，华语国际教育事业的推进，也会为世界华语走向融合起到一定的助推作用。关于这一点，周清海先生做过富有启发性的论述。（《"大华语"的研究和发展趋势》，《汉语学报》2016 年第 1 期）

四

项目的实施得力于团队学者的支持。项目涉及不同的国家和地区，因此我们组建了一支海内外携手、老中青结合的研究团队。团队中有李英哲、周清海、田小琳等老辈学者，有郭熙、陶红印、徐杰等中年学者，还有一批青年学者。大家齐心协力，精诚合作，可以说，这是语言学国际科研合作的一次成功实践。我们先后召开了三次工作会议。2011 年 12 月，在暨南大学华文学院召开了项目启动会，确定了研究的基本内容和实施的具体方案。2013 年 10 月，在新加坡南洋理工大学孔子学院召开了项目推进会，交流了前一阶段的研究进展，讨论了研究中遇到的共性问题，明确了后一阶段的研究任务。2015 年 9 月，在美国夏威夷大学召开了项目总结会，讨论了项目结项和书稿撰写的要求，并就"一期"第二步的工作进行了部署。每次的会议，既是学术的交流，也是友情的享受；六卷书稿，既是团队合作的结晶，也是团队友情的见证。其实，给予项目支持的不只是团队的成员。比如，就项目的规划和实施，我们先后征询了陆俭明、李宇明等先生的意见，他们提出了很好的意见和建议。商务印书馆的相关领导和编辑自始至终关心项目的进展，为书稿的出版倾心竭力。学界同人的支持和贡献，怎一个"谢"字了得！此外，我们研究中心的谢晓明、姚双云、匡鹏飞、苏俊波和罗进军参与了书稿的修改，他们的贡献也是我们不能忘记的！

五

我们的项目持续了将近十年,但这仅仅是起步。其实我们心里很清楚,我们只是做了初步的调查,老实说,目前还不可能拿出什么了不起的成果。就已经写出的六卷《全球华语语法》来说,只是涉及六个华语区的部分语法现象,并没有涵盖全部,还有不少问题尚未触及,也一定会有不少细节的或深层次的问题尚未发现。就事实的描写而言,有些地方还是比较粗糙的,并不是很精细,在规律的揭示上下的功夫还不够。在现有研究的基础上,做进一步调查,进一步挖掘,深入地揭示特点和规律,并从理论上加以认识和总结,这将是我们今后研究的着力点。我们会始终坚持一点,就是要讲求实干,不浮躁,不浮夸,实事求是地做,一步一个脚印地往前走。"全球华语语法研究",这是一个项目,也是一项工程,更是一番事业。这番事业,在我们看来,只有起点,没有终点,永远在路上,任重而道远。我们期待能有更多的学者来支持这项工作,加入到这项研究的行列。

邢福义　汪国胜
2020 年 10 月 18 日

目　录

引言:美国华语结构与运用的多视角探讨 …………………………………………… 1

第一章　汉语在美国:民族语言的视角 …………………………………… 8
  1.1　引言 ……………………………………………………………… 8
  1.2　历史背景 ………………………………………………………… 8
  1.3　民族语言框架 …………………………………………………… 9

第二章　美国汉语书面语语法特点探析:基于互联网文本的考察 ……… 22
  2.1　引言 ……………………………………………………………… 22
  2.2　美国汉语网络文本语料 ………………………………………… 23
  2.3　美国汉语书面语语法特点考察 ………………………………… 25
  2.4　英语对美国汉语的影响 ………………………………………… 35
  2.5　余论 ……………………………………………………………… 37

第三章　洛杉矶华报所见汉语语法变异现象初探 ……………………… 42
  3.1　虚词 ……………………………………………………………… 43
  3.2　语序 ……………………………………………………………… 45
  3.3　句法格式 ………………………………………………………… 48
  3.4　欧化倾向 ………………………………………………………… 53
  3.5　韵律 ……………………………………………………………… 55
  3.6　结语 ……………………………………………………………… 57

第四章　美国华语"景观语法学"初探 ·· 61

　4.1　引言 ··· 61

　4.2　从"语言学景观"到"景观语言学""景观语法学" ··················· 62

　4.3　当代华语生活景观实例 ··· 63

　4.4　历史上的华语生活景观资料 ····································· 68

　4.5　结语:关于美国华语生活"景观语料库"及"景观语言学"的设想······ 70

第五章　美国华裔家庭日常口语与文化传承模式(上):跨文化沟通下的和谐

　　　　与冲突 ··· 76

　5.1　引言 ··· 76

　5.2　研究对象的家庭背景 ··· 79

　5.3　结果与分析 ··· 81

　5.4　综合讨论 ·· 107

第六章　美国华裔家庭日常口语与文化传承模式(下):语言社会化与家庭伦理

　　　　秩序 ··· 112

　6.1　引言 ·· 112

　6.2　语言评价活动与社会化 ··· 113

　6.3　社会成员类属、类属规范活动与社会化 ···························· 114

　6.4　负面情感类属规范、华裔身份认定与社会层级建构 ················· 115

　6.5　综合讨论 ··· 126

第七章　华裔汉语继承语使用者语法及语用能力的习得 ························· 135

　7.1　引言 ·· 135

　7.2　华裔汉语继承语使用者的群体特征 ······························· 136

　7.3　华裔汉语继承语使用者的汉语习得历程 ··························· 138

　7.4　如何理解华裔汉语继承语使用者的汉语语言能力? ················· 146

　7.5　结语 ·· 148

引言：美国华语结构与运用的
多视角探讨

美国华人社区作为全球华人社区的一个构成部分，虽然从人口数量（300万—400万，见第一章注释）上来说并不一定构成最大的海外社团，但是由于美国的重要地位以及美国华人在美国社会以及国际社会上的重要地位，美国华人语言的使用状态必然成为全球华语语言研究的一个不可忽略的部分。不过，由于美国疆域辽阔，华人社区并不像新加坡等地华人那样集中在个别地区，从而促成其华人语言逐渐演变为具有自己鲜明特色的区域变体，甚至形成自己特色的语音、语法和词汇系统。相反，虽然美国绝大多数华人社区集中在纽约、旧金山、洛杉矶等大城市，由于不同移民进入美国的时间（一般分为19世纪中叶、20世纪中叶和20世纪晚期三大高潮期）和来源地不同，他们的语言也带有区域方言特色。早期华人大多来自于广东、福建等沿海地区，华人语言带有粤语、福建话等南方方言特色，是传统唐人街华人语言的主流（Chan & Lee 1981；Wong 1988；Chang 2003；Zhou 2009）。后来的华人来源逐渐扩大，尤其是持台湾"国语"的人和大陆北方地区移民数量的增加，华人语言呈现出更加多元化的特色（Wong 1988：201；Zhou 2009：47；Leung & Wu 2012；以及肖云、张洁等收入本书的章节）。简而言之，当代美国华人华语呈现多姿多彩的局面，而标准（亦即通用）方言（普通话或"国语"）呈现出逐渐取代南方方言主导地位的态势（Wong 1988：203）。①

此前对于美国华语的研究较少关注语言本体问题，而大多是从下述几个方面展开的：移民史与移民所代表的语言状况（Zhou 2009；Wong 1988）；语言保持与选择问题（Li 1982；Wei 1992；Leung 2011）；语言商业化（Leeman &

---

① 这方面的内容主流媒体时常有所报道。例如《纽约时报》2009年10月22日《唐人街未来的语言将是普通话》（http://www.nytimes.com/2009/10/22/nyregion/22chinese.html？pagewanted=all）；Boston.com报道波士顿的唐人街（http://www.boston.com/news/local/massachusetts/articles/2009/02/26/a_new_accent_in_chinatown/？page=full）。

Modan 2009)。当然更多的研究(尤其是近年来的研究)集中在华裔儿童语言教育与习得方面(He 2005,2006;Tao 2006;He & Xiao 2008;Xiao 2014)。美国华语本体方面的研究应该说是一个亟待加强的领域。

在我们看来,关于美国华语本体的研究有一些研究话题特别值得讨论。第一,摸清语言事实是进行深入研究的必要步骤。美国华语现状如何,到目前为止我们都还没有看到除了人口普查之外的比较系统的学术探讨,建立一定规模的语料库是一个可行的路子。第二,美国华语汇集了华人方言的各个分支,在美国这个大熔炉里面,各种华语变体交汇、碰撞产生什么结果是一个语言学理论上有价值的研究课题。此前 Dong & Hom(1980)提出了"Chinatown Chinese"(唐人街华语/汉语)的概念。他们基于词汇方面的特色和变化认为美国唐人街语言使用体现出独有的方言(dialect)或变体特征,但是 Chan & Lee(1981)随即对此提出了质疑,认为一个独立的唐人街华语/汉语的概念是不能成立的。后者的说法目前得到学界大多数人的认可(Wong 1988;Zhou 2009)。第三,在全球化的大环境中,华语与非华语的接触产生了什么样的效果? 美国英语和美国华语在美国产生直接的接触,为我们研究全球化和语言变化提供了有利的研究环境和材料。最后,华语的身份认同和习得在美国的社会文化语言环境下如何实现? 这个问题关系到几乎每个美国华人家庭和个人,常常是华人家庭生活中的重要内容,也应该是语言学研究的一个重要内容。

鉴于上述原因以及我们自身的研究条件,我们对美国华语的研究采取了下述策略。第一,基于标准或通用方言的研究。虽然长期使用于美国境内的华人区域方言必然会形成具有自己特色的语言变体(以致 Dong & Hom (1980)提出所谓的 Chinatown Chinese 的说法),但是有限的时间和资源使得我们有必要把研究范围适当加以限制。第二,基于语体的研究。我们(陶红印 1999)曾经论述过,语法的研究应该以语体为基本出发点,因为不同的语体实际上是语言运用和语言结构规律的结合体,而语言的规律在不同的语境中常常呈现出系统的对立。基于这种理念,美国华语的研究分成口语和书面语两个部分。口语以录音录像获取的日常家庭对话为主,书面语以新闻、小说、网络论坛、政府公文、博客等为主。第三,基于语料库的研究。日渐普及的现代化手段使得语料的收集和处理更加便利,既为研究增添了有力的工具,也为理解语言提供了重要的视点。本研究系列用到的语料库包括下面一些。

1. 日常口语语料库

本书作者(下同)邱新富的研究基于他在 2009 年 10 月至 2010 年 5 月于加州洛杉矶三个移民家庭所做的田野调查。其语料来源于对三个家庭日常生活的录音录像材料,所涉及的日常生活场景包括家庭生活、中文学校教室课堂以及休闲活动等。全部语料约 72 小时。

表1:口语调查参与家庭背景简介(详情参看本书邱新富章)

	甲家庭	乙家庭	丙家庭
移民加州城市	洛杉矶市	钻石吧市	帕萨迪纳市
父母原生地区	大陆东北地区	台湾南部地区	台湾南部地区
父母平均移民年数	15	19	32
语料采集时数	37	35	

2. 书面语语料库

(1)詹卫东和陶红印的研究基于美国 40 多个网站下载的中文文本。网站的内容大致分为 4 类:新闻网站、文学网站、政府及公用事务网站、其他(主要是生活资讯类、商业经营性网站、BBS 等)。表 2 总结了语料库的内容。

表2:美国网络书面语语料库

简体字语料				繁体字语料			
文学网站	新闻网站	政府及公用事务	其他	文学网站	新闻网站	政府及公用事务	其他
48,957,850	27,354,815	13,129	26,008,281	4,767,664	17,682,474	2,386,275	4,917,262
37.0%	20.7%	0.1%	19.7%	3.6%	13.4%	1.8%	3.7%
102,452,165(77.5%)				29,753,675(22.5%)			
132,205,840(100%)							

(2)田飞洋的研究基于洛杉矶地区三大华报电子版的语料,包括《侨报》(大陆/内地普通话背景)、《星岛日报》(港澳粤语背景)、《世界日报》(台湾

"国语"背景),同时还利用到《中国日报》和《国际日报》。语料的出现时间为
2012 年 6 月至 2013 年 12 月。

(3)景观语料库

陈卫恒调查了洛杉矶地区华语景观现象(linguistic landscape)。在分析了
一些景观材料中值得关注的语法特点后,提出了美国华语语料库建设的必要
性与可行性,并进一步尝试提出了"景观语法学"的概念。

(4)学习者语料库

张洁的文章总结了华裔儿童语言习得中的语法现象,其内容涉及多个学
习者语料库。

第四,本书的研究基于综合性原则。我们对美国华语的考察,既有本体方
面的考察(例如词汇语法特征等),也有语用方面的考察(例如口语的使用与
文化模式的传承,语言习得模式等)。除了一般研究论文之外,肖云(刘娅琼
译)的文章为了解美国华人移民和语言使用现状提供一个宏观的描述。

本书有多位作者(陈卫恒、刘娅琼、邱新富、陶红印、田飞洋、肖云、詹卫
东、张洁)参与。除引言为本卷主编撰写外,具体章节的分工如下:第一章由
肖云撰写,刘娅琼翻译,陶红印校对;第二章由詹卫东、陶红印撰写;第三章由
田飞洋撰写;第四章由陈卫恒撰写;第五章、第六章由邱新富撰写;第七章由张
洁撰写。①

其中,肖云的研究为美国华人华语提供了一个历史回顾与现状描述。詹
卫东、陶红印以及田飞洋从形态、句法、语言接触等方面详细描绘了美国书面
华语的语法词汇特点。陈卫恒则通过调查洛杉矶地区华语景观现象为华语语
法研究提出了一个崭新的视角,"景观语法学"的概念更是一个创新。邱新富
把视线转移到美国华裔家庭日常口语的使用上,作者以田野调查、录音录像为
基础,利用人类学和语言学的理论框架,考察华人家庭语言的使用如何参与到
华人文化传承的过程中,为我们提供了美国华人语言与文化互动的生动细节。
张洁的关于华裔语法语用习得的文章涉及了华人日常生活的一个重要方面:
华人语言的习得与语言教育。作者的深度评议为这方面的研究提供了一个有

---

① 部分章节曾在《全球华语》《语言规划学研究》等刊物上发表,此次发表均做了
若干改动。

价值的指南。

通过对美国华语的考察,我们初步得出下述结论。第一,全球化使得人类语言达到了前所未有的统一高度,全球华语的趋同态势也是不可避免的。这在我们的词汇语法研究的各个方面都得到了实证。究其原因,我们认为政治经济文化上的广泛交流以及电子化通信工具的发达是其中的主要原因。虽然全球华语社区存在极为显著的政治文化制度差异,但是华人社区的交往最近几十年来因为中国的开放而达到了前所未有的高度。而互联网以及移动技术的发展为语言的传递和交流提供了极为便利的条件,使得语言共享(例如新词新语共享)达到了即时同步的地步。第二,在全球化、趋同化的状态下描写区域语言的特色必须有新的方法论考量。我们认为,在这种条件下区域语言的描写必须把整体特色与细节描写结合起来,把定量与定性结合起来。例如,美国华语的词汇语法无疑是中国各地区华语的融合,要准确描述这个区域的华语特点,我们必须对强势区域(中国)在美国的语言变体的特色加以描述,从整体上通过频率描述它们各自的影响,考察哪些特殊现象及其使用频率与范围可以有效地描述本地区华语的现状;同时也要对某些具体的语词和语法构造加以考察,看看它们是如何在美国华语社区得到应用的。第三,我们不必强求语法与词汇的分离。研究发现,很多有特色的区域语法现象其实都是通过具体的语词实现的。例如比较、被动、连接等。这也证实了早年系统功能语法学(如 Halliday 1994)和近年来语料库语言学(如 Sinclair 1991,2000)所倡导的"词汇-语法"(Lexicogrammar 或 Lexical Grammar)的观念。最后,如果更进一步看,语法和文字的联系也是一个值得关注的领域,这一点在陈卫恒的研究中得到了充分的论证——公共场所的用字用语是一个考察语法以及文化问题的视窗。

最后我们想指出的是,美国华人语言研究是全球华语研究的一个有机部分,也代表了全球华语的一个有特色的区域现象(非亚洲国家、华人为非主流社会),这方面的研究亟待提高。社科基金的这个重大项目使得我们的研究有了一个良好的开端。当然,这里呈现的研究成果只能是我们在深入认识美国华语本体和使用方面迈出的小小一步,更进一步的研究还有待今后有更多的同行的参与。

参考文献

Chan, Marjorie K. M. and Lee, Douglas W. 1981 Chinatown Chinese: A linguistic and historical re-evaluation. *Amerasia Journal* 8. 1: 111 – 131. doi: 10. 17953/amer. 8. 1. n1671w2551m66112.

Chang, Iris 2003 *The Chinese in America: A Narrative History*. New York: Penguin Books.

Dong, Lorraine and Hom, Marlon K. 1980 Chinatown Chinese: The San Francisco Dialect. *Amerasia Journal* 7. 1: 1 – 29. doi: 10. 17953/amer. 7. 1. q 5326526 546k8707.

Halliday, M. A. K. 1994 *Introducing Functional Grammar*. London: Arnold.

He, Agnes W. 2005 Discipline, directives, and deletions: Grammar and interaction in Chinese heritage language classes. In C. Holten and J. Frodesen, eds. , *The Power of Context in Language Teaching and Learning*, 115 – 126. Boston: Thomson Heinle.

He, Agnes W. 2006 Toward an identity theory of the development of Chinese as a heritage language. *The Heritage Language Journal* 4. 1: 1 – 28.

He, Agnes W. and Xiao, Yun 2008 *Chinese as a Heritage Language: Fostering Rooted World Citizenry*, Honolulu: University of Hawaii, National Foreign Language Resource Center.

Leeman, Jennifer and Modan, Gabriella 2009 Commodified language in Chinatown: A contextualized approach to linguistic landscape. *Journal of Sociolinguistics* 13: 332 – 362.

Leung, Genevieve Y. 2011 The Internet and Hoisan-wa in the U. S. : Counter-Hegemonic Discourses and Shifting Language Ideologies. *Journal of Chinese Overseas* 7. 2: 247 – 257. doi: 10. 1163/179325411X595422.

Leung, Genevieve Y. and Wu, Ming-Hsuan 2012 Linguistic landscape and heritage language literacy education: A case study of linguistic rescaling in Philadelphia Chinatown. *Written Language & Literacy* 15. 1: 114 – 140.

Li, Wen Lang 1982 The language shift of Chinese-Americans. *International Journal of the Sociology of Language* 38: 109 – 124.

Sinclair, John McH. 1991 *Corpus, Concordance, Collocation*. Oxford: Oxford University Press.

Sinclair, John McH. 2000 Lexical grammar. *Naujoji Metodologija* 24: 191 – 203.

Tao, Hongyin 1999 Discourse taxonomies and their grammatico-theoretical implications. *Dangdai Yuyanxue* [*Contemporary Linguistics*] 1. 3: 15 – 24.

Tao, Hongyin, ed. , 2006 Special Issue on Chinese as a Heritage Language. *The Heritage Language Journal* 4. 1: Fall.

Wei, Meei-Yau 1992 Practical dialogue: Chinese language choices and adaptations in New York City's Chinatown. PhD Dissertation, Indiana University.

Wong, Sau-ling Cynthia 1988 The language situation of Chinese Americans. In S. L. McKay and S. C. Wong, eds. , *Language Diversity: Problem or Resource?* 193 – 228. New York: Newbury House.

Xiao, Yun 2014 Heritage language education in the United States: The Chinese case. In M. Bigelow and J. Ennser-Kananen, eds. , *The Routledge Handbook of Educational Linguistics*, 370 – 382. New York City: Routledge.

Zhou, Min 2009 *Contemporary Chinese America: Immigration, Ethnicity, and Community Transformation*. Philadelphia: Temple University Press.

第一章　汉语在美国:民族语言的视角[*]

1.1　引言

汉语是世界上作为母语使用最多的语言,世界约六分之一的人口使用汉语,其中包括9亿多中国人。在美国,汉语是仅次于英语和西班牙语的第三大语言。在最近几十年里,中国是美国第二大进口国,也是美国最大的债权国。① 随着中国崛起,汉语以及汉语社区随之凸显。世纪之交见证了汉语这种一直在美国被忽视的"非常见"语言上升为保障美国国家安全和繁荣最为关键的语言之一。学汉语,不再仅仅是华人移民家庭的事情,而成为美国的一个焦点问题。

因此,汉语获得了前所未有的来自机构的支持。在大学以及从幼儿园到高中的全日制公立学校(K-12,为便于指称,以下以"中小学"代之。译者注),汉语正随着各类项目和招生的迅速增长而成为一个不断扩展的领域。有史以来,汉语首次拥有了像西班牙语、法语、德语等传统欧洲语言在美国长期具有的地位,有望提升为"被普遍教授"的语言。

1.2　历史背景

历史上,中国有三次向美国移民的浪潮。第一次从十九世纪中叶开始,第

---

* 译者注:原文见于《在全球语境中教授和学习汉语》(London:Continuum,2012)。原文注释为尾注,译文改为脚注。译者对部分数据进行了更新,以"译者注"标注。

① 译者注:据2014年年底统计,中国是美国第二大贸易伙伴、第三大出口市场和第一大进口来源地。参见《2014年中美贸易投资简况》(http://china. huanqiu. com/News/mofcom/2015-03/5929530. html)。

二次在二十世纪中叶(1949—1979),第三次从 1980 年至今。第一次移民潮的先驱主要是说广东话的农民或渔民,在 1849 年加州淘金热期间他们大量进入美国。记录显示,在 1851—1860 年期间,因为中央太平洋铁路需要大量劳工建造越州铁路,4.04 万人抵达美国。到 1871 年,在美华人升至 6.3 万。有很多报道反映这个群体以及他们受到的不平等待遇和种族歧视。

1882 年的《排华法案》阻止所有的华人入籍、家庭团圆或接受新的移民,从而使种族歧视得以合法化。由于在新大陆上没有机会,早期的移民准备让他们的孩子返回中国(参见 Koehn & Yin 2002)。为此,考虑到美国主流学校中缺少汉语课程,他们开始在唐人街建立中文社区语言学校,以此保持汉语水平并保存中华文化传统。

与早期的移民先驱相比,第二次移民潮的华人受教育情况和经济情况都好得多。因为 1965 年美国新移民政策的颁布,1979 年中美正式建交以及中国在二十世纪八十年代初开始的改革开放的影响,他们进入的是一个更开放的环境。第三次移民潮中,抵美的华人包括大量使用汉语普通话的学者和学生,他们努力在美国的大学和研究机构中展示自己(Chang 2003)。其中有的人成为了全球闻名的学者或者从事商务和高新技术产业相关工作的企业家(Chan 2002)。总体而言,后来者把美国视为希望的乐土,他们不再把孩子送回中国,而是让他们学习美国的主流语言和工作技能。

1.3　民族语言框架

本节采用布里斯(Bourhis 1979,2000)的民族语言框架,把汉语视为群体成员身份和文化认同的重要因素。通过考察该框架的三个因素(规模、权力、地位)来衡量群体的民族语言活力。根据布里斯的理论,一个群体的民族语言活力越高,其作为一个独特的语言社团就更可能得以整体存续。具体而言,这些要素包括人口统计数据(使用者的数量和分布),机构支持(教育、媒体、商业、政府、服务等)和地位(社会的、经济的和语言的)。尽管有证据表明美国的汉语语言活力较高,且汉语教、学增长迅速,但华人移民家庭的语言转换有十分清晰而且确凿的信号。

1.3.1　人口统计

1.3.1.1　使用者数量

当前美国的汉语使用者的分布有快速增长和地理分布的高度集中两大特征。据美国 2007 年人口普查①，华人共有 3,538,407 人，占美国人口的 1.17%，比 2000 年(共有 2,879,636 人)增长了 22.88%。根据出生地和公民身份，汉语使用者可以分为三个次类：在美出生的"本籍"华人，在外国出生以后入籍的公民和在外国出生的短期居民(即留学生和访问者)。在美国以外出生的华人基本上可分为两类：在美的华人学生和美国政府每年按额度批准的移民。自 1995 年始，美国政府给华人每年六万人次的移民额度，这一数字是其他种族的三倍。每年六万移民额度中，中国大陆(内地)地区两万，台湾地区两万，香港地区两万。而其他的种族或民族每年只有两万额度。

1979 年中美关系正常化以后，美国成为华人学生海外留学的首要目的地，特别是来自中国的学生，已经连续七年(2001—2008)稳居美国外籍学生第二位的位置。2008 年，共有 81,127 位中国学生赴美，比 2007 年(共计 67,723 人)增长 19.8%，占当年美国外籍学生总和的 13%。② 如表 1 所示，来自台湾地区和香港地区的学生分别位列第六位和第十五位。因为多数的华人学生有家人来美陪读，这一类汉语使用者的数量实际上更高一些。

---

① 据 http://factfinder.cencus.gov/servlet/IPTable。译者注：美国 2010 年人口普查数据为：华人共有 3,347,229 人，占美国人口的 1.1%。2013 年估计在美华人为 3,578,774 人。(数据来源：http://factfinder.census.gov/)

② 译者注：根据教育部的统计数据，从 1978 年到 2014 年年底，中国出国留学人数达 351.84 万。截至 2014 年年底，以留学生身份出国的人员共有 170.88 万，其中 108.89 万正在国外进行相关阶段的学习和研究。留学大军中，有 60% 的学生会选择赴美留学，占美国留学生人数的 31%。自 2009 年起，中国已超过印度，持续成为赴美留学生最大输送国。(引自《2015 留美中国学生现状白皮书》，http://www.wholeren.com/wp-content/uploads/2015/06/2015-WhitePaper_CN.pdf)

表1:美国国际学生来源地排名(2006—2007,2007—2008)

排名	来源地	2006—2007	2007—2008	2007—2008 占国际学生总数比例	变化比例
	世界总数	582,984	623,805	100.0%	7.0%
2	中国大陆(内地)	67,723	81,127	13.0%	19.8%
6	台湾地区	29,094	29,001	4.6%	-0.3%
15	香港地区	7,722	8,286	1.3%	7.3%

数据来源:国际教育交流报告(http://www.opendoors.iienetwork.org)

毫无疑问,两个因素——不断增长的华人学生以及较高的华人移民配额——使得在美国以外出生的华人持续增容,并将成为汉语社团的主要力量。跟第1代或第1.5代移民一样,近年抵美的华人或全部或部分地以汉语为第一语言,拥有横跨太平洋两岸的越界大家庭。

1.3.1.2 汉语使用者分布

在早期备受歧视的环境下,华人移民先驱们遭受排外,被边缘化,大多数集中在西部的族裔聚居区,即唐人街。据1870年人口普查,在美华人有63,199人,其中,78%住在加州(Chang 2003:93)。慢慢地,扩展到纽约;于是,这两个州形成了具有悠久历史的聚居区。这两个州都有最大的中国城——不论是存在已久的老社区,还是从老社区中新生的社区,比如加州的蒙特利公园和库比蒂诺,纽约的法拉盛和日落公园(Xiao 2010)。2006年,华人移民在美最多的是加州(496,197人),其次是纽约(322,545人)。[①] 2000—2006年间,汉语使用者的规模在怀俄明、内布拉斯加、田纳西、南达科他、爱达荷五个州增长了一倍多。近来在美华人向不同地区扩张,不再集中于传统的几个地区,尽管这可视为民族语言活力的消极因素,但根据人口特征,汉语仍然具有较高的语

---

① 译者注:据2010年美国人口普查,全美华裔人数超过400万,其中加州125.3万,纽约州57.7万,分列前两位。(数据来源:http://www.boxun.com/)据美国现代语言学会统计,2010年,美国5岁以上的汉语使用者中,加州有54.4万人,纽约州有28.3万人。(数据来源:http://www.mla.org/)

言活力。

1.3.2　机构支持

1.3.2.1　商业

随着经济的快速增长,中国不仅是美国第二大进口国,而且成为美国最大债权国,截至 2008 年 9 月持有 5850 亿美元的美国国债(Harrison 2008)。[①] 此外,美国从中国的进口额已经远超其到中国的出口额,这使得美国每年的双边贸易赤字达到数千亿美元。美中贸易自 1999 年以来一直保持稳定但持续的不平衡。在这一背景下,教授非母语者学习汉语的压力与日俱增。

1.3.2.2　媒体

华人移民登陆新大陆以后,中文报纸成为他们生活的重要部分,也成为他们与当地及周边社区联系不可或缺的纽带。从十九世纪五十年代开始,先后有 100 多种中文报纸和杂志在美国流通,其中大多数以简体或繁体汉字印刷。尽管华人第二代移民曾尝试以英文出版种族报纸,比如《华人文摘》《华人新闻报道》,但发行量都很小且比较短命。因为这些尝试被认为是疏远族群,不被汉语社团所欢迎(Zhao 2002)。

到目前为止,最大的中文每日出版物是《世界日报》(*World Journal*,旧称为 *Chinese Daily News*)。该报创于 1976 年,已建成跨国的媒体网络,涵盖中国以及北美等地的新闻。它在很多城市设有分支机构,比如波士顿、芝加哥、休斯敦、洛杉矶、纽约、旧金山、温哥华、多伦多等,每个分支机构中都有大量的记者和媒体工作人员。例如,纽约分部雇用了一千多名记者和十二名翻译作为常设职位。此外,该报还是在全美范围内发行并具有超大读者群的少量美国日报之一。它每一期有 64 到 128 页不等,其在美发行量已经接近三十万份。

除了纸媒,近年来在美国电子版的中文报纸也迅速增长。除了完整在线的《世界日报》(http://www.worldjournal.com/pages/epaper),还有其他的电子报纸,如万维读者网(http://www.creaders.net),文学城(http://www.wenxuecity.com),华夏文摘(http://www.CND.org),多维新闻网(http://www.

---

① 译者注:截至 2015 年 6 月,中国持有美国国债约 1.271 万亿美元,是美国第一大债权国(数据来源:http://www.xinhuanet.com)。另,中国是美国第一大进口来源地。

dwnews. com/gb),美国之音中文网(http://www. voanews. com/chinese),等等。所有这些报纸在美都有很大的华人读者群。例如,"华夏文摘"上发表的新闻常用作美国大学"汉语报刊课"的补充阅读材料。另外,汉语成为网络上最常用的语言之一。根据中国网络信息中心 2009 年 1 月 13 日发布的报告,中国网民数量在 2007—2008 年已经激增至 2. 98 亿,[①]这一数字几乎跟美国的总人口相当。

　　另一方面,数量众多的中文电视频道和节目,不管是直接从中国进口的还是在美国本土录制的,都有渠道进入美国华人家庭。名列前茅的是:中国中央电视台国际频道(CCTV4)、凤凰北美中文台(Phoenix's North America Chinese Channel,即 PSTV)、麒麟电视(KyLin TV)、新唐人(New Chinese)和东南电视(South East TV,即 SETV)。"CCTV4"是中国中央电视台的海外频道,是文化、新闻、娱乐节目的最大提供者,旨在让五千万海外华人知晓祖国的动态。这个电视台每天都在美国的国际频道上播放较长的时间。"凤凰北美中文台",被称为"中国的 CNN",全年连续提供新闻,并在当地录制节目,深度报道与华人社区有关的问题,它是在美的华人观众最喜欢的频道。"麒麟电视"提供 26 个现场报道频道,在全球有 7 亿以上使用汉语的观众。"新唐人"是新近创建的总部在美国的独立频道,它通过"小耳朵"(小型的家庭卫星菜单)被众多华人家庭广泛接收。

　　随着华人族群数量的不断增长和社会生活的多元化,上述的报纸,无论纸版还是电子版,都已经并将继续成为美国以及其他地方华人联系的有形纽带。从媒体的角度来看,可以说汉语有很强的民族语言活力。

1. 3. 2. 3　政府服务

　　近年来,汉语从美国和中国政府获得了各个层次前所未有的支持。鉴于国家利益的需要,以及对具有较高外语能力的专业人士的需求,美国政府主动采取了一系列的重要行动,比如,国家安全语言项目(NSLI)、外语援助计划(FLAP)、连读旗舰计划(Pipeline Flagship Program)、夏季的星谈计划(STAR-

---

　　① 中国网民增至 2. 98 亿。2009 年 1 月 14 日。(数据来源:http://www. neowin. net/news/main/09/01/14/chinese-internet-users-rise-to-298-million-2)

　　译者注:根据中国互联网络信息中心发布的《第 34 次中国互联网络发展状况统计报告》,截至 2014 年 6 月,中国网民规模达 6. 32 亿。(数据来源:http://baike. baidu. com)

TALK)①,等等。其中华人是主要受益者。例如,从 2002 年开始,国家安全语言项目(NSLI)已经投入了数千万美元来发展六个中文旗舰项目;外语援助计划(FLAP)投入了 1300 万美元发展 70 个中文项目。此外,自 2007 年起,美国多个州获得资助得以提供夏季中文项目"星谈计划",该项目为有兴趣的学生和老师提供汉语、中国文化或教学法方面的培训。从全国范围来看,中文"星谈计划"在 2007 年招收了 944 个学生和 427 位老师,2008 年招收了 1884 个学生和 787 位老师。2009 年,"星谈计划"为更多的中文学生和老师提供培训。根据国家安全语言项目(NSLI),"星谈计划"继续进行,并将于 2011 年扩展到全美 50 个州和所有年级。②

　　为了在美国推广汉语和中华文化,中国政府投入了很多力量,给予了财力、智力和其他资源的巨大支持。自 2003 年起,国家汉办③在美国开展了一系列的活动,包括美国学校的汉语桥、赴美汉语教师志愿者项目、汉语教师资格培训奖学金、汉语学习材料、AP 中文暑期学院、汉语和中国文化介绍之旅。这些项目不仅把中文教师和学习材料送到美国,而且把美国的学生和老师带到中国。这些举措对汉语在美国的发展有着深远的影响。另外,汉办跟美国高等教育机构合作,在美国资助了 55 所孔子学院④,并计划再开 45 家或更多。着眼于美中关系的战略重点,孔子学院旨在促进、发展、帮助两国教育、文化和贸易交流,其中优先发展汉语学习和中文教师培训。除了不同层次的交流活动和项目,孔子学院还为美国大学提供免费的汉语教师(由汉办支付薪水),为当地社区提供创新性的汉语项目和定期文化活动。同时也是夏季中文项目

---

　　① 马里兰大学国家外语中心网站,中文星谈计划,http://www.nflc.org/projects/current_projects/startalk。

　　② 译者注:"星谈计划"的项目数从 2007 年的 34 个增长至 2011 年的 156 个,学生从 874 人增至 7672 人,参加教师项目的老师由 448 人增至 1583 人。在"星谈计划"的众多语言项目中,无论是学生项目还是教师项目,汉语均已经成为最热门的语言。(数据来源:http://www.mandarin-institute.org/node/122)另据 2012 年全美汉语大会,2012 年"星谈计划"中汉语项目有 159 个,另外新增项目 30 个。(数据来源:https://startalk.umd.edu/2012/presentations/NCLC/FederalOpportunitiesForChineseLanguageLearning.pdf)

　　③ 汉办:中国语言文化项目,http://english.hanban.org/content.php?id=1544。

　　④ 美国的孔子学院,http://www.hanban.org/kzxy_list.php?state1=NorthAmerica。译者注:截至 2014 年 12 月 7 日,美国共建立 100 所孔子学院和 356 个孔子课堂。(数据来源:http://www.hanban.edu.cn/confuciousinstitutes/node_10961.htm)

"星谈计划"的执行机构,让千万个美国学生和老师受益,部分学生和老师还有机会到中国学习。

上述所有的举措和努力都致力于提升汉语能力,而在 2006、2007 年提出的中文 AP 项目(大学先修课程项目),真正使得汉语获得了传统"主要的"或"普遍教授的"语言的同等地位。自 1955 年成立以来,AP 项目中只包含少数主要的欧洲语言。直到 2006 年中文才加入其中。即使仍然处于初创期,但中文 AP 是汉语和汉语社团的一个新的里程碑,它使得汉语教育进入美国外语学习的国家标准,在该标准中,学生文化和语言能力(听、说、读、写)的教学和评价是在三种交流模式(语言沟通、理解诠释、表达演示)、五大学习目标(信息交流、文化认知、融会贯通、多元比较、社区实用等)的框架下进行的。

1.3.2.4　中文教育

从历史上看,在美的中文教育主要在两个独立的领域运作:社区语言学校和主流学校,二者没有任何层次的互动或联系。很少受到资助也非常边缘化的社区中文学校都是基层的尝试,其中,父母贡献他们的资源并捐款。但是,这些学校作为汉语社区的中心已经具有 150 年以上的历史了。它们不仅向年轻一代传承汉语和中华文化,而且通过庆祝节日、举行某些特别的聚会、才艺秀等活动,编织着华人族群的网络。不管他们生于美国还是生于他国,华人移民子弟几乎都有在这些学校学习的经历。近年来,中文学校经历了很大的变化。最重要的是,它们不再是孤立的个体,而是互相联系并且跟主流学校联系。这要归功于两大组织的领导:来自中国台湾地区的华人创立的中文学校联合总会(NCACLS)和来自大陆地区的华人创立的全美中文学校协会(CSAUS)。肩负着传承汉语和中华文化传统的重任,两大领导组织从课程规划、与主流学校沟通、维权和交流等方面督导并支持中文学校。

数据显示,早在 1997 年,美国已有 634 所社区中文学校附属于中文学校联合总会(Chao 1997),有 400 所以上的中文学校建立了与全美中文学校协会①的联系。到 2005 年,中文学校的招生总数约为 16 万人次(McGinnis 2005),这一数字是美国中小学(K-12)中文课程录取数的五六倍。另外,目前学生在中文学校的学习课程得到一些主流学校的认可,尤其是加州的不少地

---

① 即全美中文学校协会媒体通讯委员会,网址是 www.csaus.org。

区(Xiao 2010)。中文学校的这些进步提升了主流社会对汉语重要性的认识，也为华人学生进入大学和中小学提供了便利。

2006年现代语言协会(MLA)调查显示，大学里共有51,582名学生学习汉语，比2002年增长了51%(Furman et al. 2006)。这些汉语学习者一半左右是英语使用者，另一半是华裔(CHL)学习者，后者小时候在家庭中使用汉语，去学校以后不由自主地转到主流语言，从而使英语成了他们的第一语言。较为普遍的是，他们返回中文课堂，再次学习母语和中华文化。为了满足不同背景的学生强烈的学习需求，越来越多的美国大学建立了多种项目。这些中文项目有双轨制(华裔与非华裔)，三轨制(非华裔、华裔-普通话、华裔-广东话)，甚至四轨制(第四种情况适用于母语为汉语的学习者)，这一做法在过去的几十年里一直是西班牙语项目的特有标志。

在中小学(K-12)，汉语项目的增长更快，规模更大。大学理事会2008年4月内部研究的数据显示，2008年建立了779个汉语项目，比2004年的262个增长了两倍。该研究证实了应用语言学中心(CAL)①的数据。应用语言学中心指出，美国中小学提供汉语这一外语教学项目迅猛增长，全国范围内，从1997年的0.3%增至2008年的3%，十年内增至十倍。这一迅速增长也带来一个有名的问题：如何保证2015年美国有5%的高中生学习汉语？这一问题在2005年经亚洲学会提出之后，曾被普遍视为野心勃勃，但Stewart & Wang (2005)的观点现在看起来过于保守。有鉴于过去十年增长了十倍，学习汉语的美国高中学生数量很有可能在下一个十年达到10%或更多，很有可能超过德语(其小学入学率占所有语言生的比例由1997年的5%下降到2002年的2%)和法语(其小学入学率占所有语言生的比例由1997年的27%下降到2002年的11%)。②

如上所述，对汉语的机构性支持不仅强而有力，而且来源多样，因此其容量和地位得以快速提升，而这又成为其民族语言活力重要的证据。

---

① 应用语言学中心：全国中小学外语调查(2008)，http://www. cal. org/projects/flsurvey. html。译者注：应用语言学中心对全美中小学外语教育的调查每十年进行一次。

② 2009全国中文大会，http://professionals. collegeboard. com/k-12/awards/chinese/nclc。

1.3.3 不断提升的社会、经济地位及语言转换的信号

1.3.3.1 社会地位

华人移民先驱们没有或很少有机会在美国接受教育或找到正当职业,与他们不同的是,许多当代的华人移民在美国的大学获得专业学位,并在主流就业市场找到专业工作。他们成为医生、律师、会计师、建筑师、经济咨询师、房地产经纪人、科学家、大学教授和电脑工程师等(Chan 2002:146)。他们集体或单独地使得在美华人在公共政策决策方面有了自己的声音,也推动了在美华人的种族地位的提升和内部团结。他们的成就不仅极大提高了自身社会地位,而且大大促进了整个华人族群社会地位的提升。

1.3.3.2 经济地位

得益于较高的教育程度和专业工作,许多当代华人移民直接进入主流的国内或国际市场。美国人口普查局 2007 年调查显示,在美 25 岁及以上的华人有 50.4%(234.649 万人)具有硕士以上的学位,相比之下,所有该年龄段的美国人持有硕士学位的比例仅为 27.5%。该调查也发现,16 岁以上的华人中,64.4%有工作,其中 51.2%的华人在管理岗位或从事专业相关的工作,而该年龄段所有美国人的比例仅为 34.6%。

上述数据证明,汉语的活力在美国正呈上升势态,汉语正发展成为美国教育系统的主要外语之一。正所谓"水涨船高",其中,"水"是汉语作为民族语言的活力,"船"就是汉语。汉语的发展是费希曼(Fishman)逆转语言转换模型的成功案例。该模型适用于那些影响力渐弱并有可能为其他强势语言所取代的语言,这些语言包括在某社会中被忽视、受威胁或濒危的语言,以及移民语言等。

1.3.3.3 语言转换的信号

尽管汉语获得许多支持,在美国的主流社会得以迅速发展,但这种进步并没有改变其作为移民语言的本质。像所有其他的移民语言一样,第三代倾向于把自己的语言转换成社会的主流语言(Fishman 1991)。美国人口调查局 2007 年调查显示,5 岁以上的华人人口中有 23.7%只说英语,这意味着华裔族群中存在完全的汉语遗失或者转换。最近对华裔语言(CHL)的研究也证实在美国及其他地方,华人移民家庭、个体和社区中语言转换是真实且迅速的。

这主要可以归因于主流社会同化的压力、提升社会经济地位的愿望驱动以及华裔语言识字环境的丧失。

在研究主流学校移民儿童的表现时,Wong-Fillmore(1991)发现,当孩子们进入主流学校以后,他们的汉语识字能力逐渐丧失。根据社会语言学网络分析,李嵬(Li 1994)发现,中文社区语言模式的特征是"三代人,两种语言,一个家庭",其中在三代的时间里,以汉语为单一语言转变为主要使用英语。通过观察华人移民家庭中文识字(启蒙)材料的使用,Xu(1999)发现,英语的学习材料非常丰富,而汉语的却极其有限。在两项独立的研究中,Li(2003,2006)发现,许多中国移民儿童一直与中文读写做斗争,一旦他们不再需要汉英翻译为学校功课助力,他们的父母就立即停止他们的汉语学习。通过调查和采访,Xiao(2008)发现,中国移民家庭中文阅读材料和识字活动不足,相对于汉语识字能力,大多数的父母更关注孩子的英语能力和学校的功课情况。在一项对纽约85个新移民个体的研究中,Jia(2008)发现,随着英语能力的稳步提升,他们的汉语能力逐步下降,从高收入家庭而来的学习者构成最易变的人群。在另一项研究在美居住时间与汉语"磨损"程度的研究中,Jia & Bayley(2008)发现,当学习者进入青春期,他们对学习成绩(英语)的要求提高了,他们的社会生活逐渐地被家庭之外的英语生活所取代。于是,他们的语言使用主要变成了英语。

毫无疑问,在美华人族群比其他的族群享受着更高的教育水平和经济地位。最终,社会地位的不断提升将促使他们向高阶社群移动,进而导致其社交群体的转换。可以预见,中国城作为华人族群疆界的角色在下一代将逐渐淡化,未来使用中文的社区在地理上会不再那么集中,可能会逐渐分散到更为广阔的主流社区中去。相应地,当代华人族群中的语言转换将持续下去,甚至在未来几十年中更为迅速。因此,尽管美国华语看起来具有所有的高活力的特点,但仍然有明显的向英语转换的迹象。

一个矛盾现象是,尽管汉语某些具体的领域(如媒体和学校教育等)在不断加强,另有证据表明家庭语言则成代地转向英语。未来的很多情况目前尚无法预测,例如新移民和将来的移民与中国的联系程度,中国逐渐提升的地位对多语社区中汉语的延续和发展的影响程度等,都还有待探讨。

参考文献

Bourhis, R. Y. 1979 Language and ethnic interaction: A social psychological approach. In H. Giles and B. Saint-Jacques, eds., *Language and Ethnic Relations*, 117 – 141. Oxford: Pergamon Press.

Bourhis, R. Y. 2000 Reversing language shift in Quebec. In J. A. Fisherman, ed., *Can Threatened Languages Be Saved? Reversing Language Shift Revisited: A 21st Century Perspective*, 101 – 141. Clevedon: Multilingual Matters.

Chan, W. K. K. 2002 Chinese American business networks and trans-pacific economic relations since the 1970s. In P. H. Koehn and X. H. Yin, eds., *The Expanding Roles of Chinese Americans in U. S. -China Relations: Transnational Networks and Trans-Pacific Interactions*, 145 – 161. Armonk: East Gate Book.

Chang, I. 2003 *The Chinese in America: A Narrative History*. New York: Viking Penguin.

Chao, T. H. 1997 Chinese heritage community language schools in the United States. *ERIC Digest*. ED409744, http://www.eric.ed.gov.

Chi, T. R. 2009 AP Chinese language and culture: Pedagogical implications and applications. In M. Everson and Y. Xiao, eds., *Teaching Chinese as a Foreign Language*, 61 – 94. Boston: Cheng & Tsui Publishing Company.

Fishman, J. A. 1991 *Reversing Language Shift: Theoretical and Empirical Foundations of Assistance to Threatened Languages*. Clevedon: Multilingual Matters.

Fishman, J. A. 2000 A decade in the life a two-in-one language: Yiddish in New York City (secular and ultra-orthodox). In J. A. Fishman, ed., *Can Threatened Languages Be Saved? Reversing Language Shift Revisited: A 21st Century Perspective*, 74 – 100. Clevedon: Multilingual Matters.

Furman, N., Goldberg, D. and Lusin, N. 2006 *Enrolments in Languages Other Than English in United States*. Institutions of Higher Education, Fall 2006.

Harrison, E. 2008 China is now America's largest creditor, *Asia Economonitor*, November 22nd. http://www.rgemonitor.com/asia-monitor/254492/china_is_now_americas_largest_creditor.

Jia, G. 2008 Heritage language maintenance and attrition among first generation Chinese immigrants in New York City. In A. W. He and Y. Xiao, eds., *Fostering Rooted World Citizenry: Studies in Chinese as a Heritage Language*, 189 – 204. Hawaii: University of Hawaii Press.

Jia, L. and Bayley, R. 2008 The (re)acquisition of perfective aspect marking by Chinese heritage language learners. In A. W. He and Y. Xiao, eds., *Fostering Rooted World Citizenry: Studies in Chinese as a Heritage Language*, 205 – 224. Hawaii: University of Hawaii Press.

Koehn, P. H. and Yin, X. H. 2002 Chinese American transnationalism and U. S. - China relations: Presence and promise for the trans-pacific century. In P. H. Koehn and X. H. Yun, eds., *The Expanding Roles of Chinese Americans in U. S. -China Relations: Transnational Networks and Trans-Pacific Interactions*, xi–xxxx. Armonk: East Gate Book.

Li, G. 2003 Literacy, culture, and politics of schooling: Counternarratives of a Chinese Canadian family. *Anthropology & Education Quarterly* 34. 2: 182 – 204.

Li, G. 2006 *Culturally Contested Pedagogy: Battles of Literacy and Schooling between Mainstream Teachers and Asian Immigrant Parents*. New York: State University of New York Press.

Li, W. 1994 *Three Generations Two Languages One Family: Language Choice and Language Shift in a Chinese Community in Britain*. Clevedon: Multilingual Matters.

Liu, H. 2002 Historical connections between the Chinese trans-pacific family and U. S. -China relations. In P. H. Koehn and X. H. Yin, eds., *The Expanding Roles of Chinese Americans in U. S. -China Relations: Transnational Networks and Trans-Pacific Interactions*, 3 – 19. Armonk: East Gate Book.

McGinnis, S. 2005 *Statistics on Chinese Language Enrolment*. http://clta-us. org/flyers/enrolment_stats. htm.

Stewart, V. and Wang, S. 2005 *Expanding Chinese Language Capacity in the United States*. Asia Society report.

Wong-Fillmore, L. 1991 When learning a second language means losing the first.

Early Childhood Research Quarterly 6: 323 – 346.

Xiao, Y. 2008 Home literacy environment in Chinese as a heritage language. In A. W. He and Y. Xiao, eds., *Fostering Rooted World Citizenry: Studies in Chinese as a Heritage Language*, 151 – 166. Hawaii: University of Hawaii Press.

Xiao, Y. 2010 Chinese in the United States. In K. Potowski, ed., *Language Diversity in the USA*, 81 – 95. Cambridge: Cambridge University Press.

Xu, H. 1999 Young Chinese ESL children's home literacy experiences. *Reading Horizons* 40. 1: 47 – 64.

Zhao, X. 2002 Chinese Americans' view on U. S. -China relations: An analysis based on Chinese-community newspapers published in the United States. In P. H. Koehn and X. H. Yin, eds., *The Expanding Roles of Chinese Americans in U. S. -China Relations: Transnational Networks and Trans-Pacific Interactions*, 125 – 144. Armonk: East Gate Book.

第二章　美国汉语书面语语法特点探析:基于互联网文本的考察

2.1　引言

随着中国国力的持续增强和国际地位的不断提高,汉语在世界上的影响力也越来越大。而且,海外汉语使用者人数也呈显著增多的趋势。根据美国人口普查材料、维基百科(Wikipedia)等有关美国汉语使用者人数的统计[①],1960年,美国说汉语的人(Chinese Speaker)有8.9万,到2011年,人数增加到288万(Ryan 2013),增幅超过30倍。另据美国人口普查数据,2000年时美国说汉语人口数是2,879,636,到2007年时增长到3,538,407。目前汉语是在美国使用人数排在第三位的语言(位列英语和西班牙语之后)[②]。从这些数据不难体会到,所谓"汉语热"的持续升温,并非毫无根据。有学者在调查了多个国家的汉语使用状况以及相关的政府政策后甚至指出,"汉语正在成为一种世界性的语言"(参见郭熙 2001)。

在这样一个大的时代背景下,海内外学术界也越来越把汉语放在全球视野中来勾勒它的整体面貌。过去有关中国大陆(内地)以外不同地区汉语变体的研究,从地域上说,主要集中在中国港台地区、东南亚等地;从研究对象来说,主要集中在词汇方面,已经积累了不少成果。而进入新世纪后,关于全球不同地区汉语变体的语法特点的研究,也逐渐提上了日程。2011年,国家社科基金设立"全球华语语法研究"重大课题,可以说是一个标志,是汉语语法变体研究的世纪工程迈出的重要一步,反映了国家高层和学术界对这一问题的高度重视(邢福义、汪国胜 2012)。

---

① 据 https://en.wikipedia.org/wiki/Chinese_language_in_the_United_States。

② 据 https://en.wikipedia.org/wiki/Languages_of_the_United_States。

不过,也正如邢福义、汪国胜(2012)指出的,"(这个)课题是一项涉及面广、情况复杂、问题繁难的浩大工程"。要科学、客观、系统地呈现全球汉语不同变体的语法全貌,目前来说,难度还相当大。现阶段需要从具体的调查工作做起,把基础做扎实。也正是基于这个出发点,我们对美国汉语的语法特点做一个初步的考察。根据"全球华语语法研究"课题总体框架设计的指导思想,我们首先收集了一定规模的美国汉语书面语语料(详见 2.2),同时在参考以往有关海外华语语法特点研究文献的基础上,拟定了一批语法调查项目,并在语料中逐项做了采样调查(详见 2.3)。在 2.4 中,重点讨论了英语对中文表达的影响。

2.2 美国汉语网络文本语料

美国的华人群体是由一代又一代的移民构成的,不同时期的移民背景有较大的差异,因而造成美国华人社群的多样性(周敏、林闽钢 2003)。而华人所在的美国社会,整体而言,英语是占绝对优势的通用语。在这样一个甚至比社会语言学家所谓的"双言制"(diglossia)更复杂的语言生态中,汉语的面貌必然会受到两个主要社会因素的影响:(1)移民来源地区的多样化;(2)社会主流通用语(即英语)的渗透。为了客观真实地反映美国汉语的语法特点,在第一步收集语言材料时就要充分考虑这两个因素的影响。从一般语言接触与语言变异的研究范式来说(徐大明等 1997),在真实生活环境中针对言语社团的鲜活语言材料取样,是进行科学分析的前提,而且,这样的材料除言语本身的信息外,还包含了参与交际各方的社会属性信息,可以进行语言内特征和语言外特征的多重特征分析(Chiu 2011)。但是,获取这样的语言材料的时间成本过高,要大规模地开展这样的工作,需要的人力和财力支持往往很难满足。此外,也有的研究是采用类似心理语言学的行为实验方法,通过问卷调查的形式来考察、对比、分析不同汉语变体的特点(Lin *et al.* 2012),但这类研究往往只针对特定的专题,难以在宏观层面做整体的对比考察。我们从现实条件出发,从网络上收集美国书面汉语文本作为分析材料,可以作为第一阶段开展工作的一个基础。

在收集语料时,我们充分考虑了多样化平衡采样的原则。我们利用网络爬虫软件工具(Web crawler)从美国 40 多个网站下载中文文本。从网站内容的角度看,大致分为 4 类:新闻网站、文学网站、政府及公用事务网站、其他(主要是生活资讯类、商业经营性网站、BBS 等)。

从语言区域的角度看,考虑了网站所用汉语变体的不同来源,例如:星岛日报、国际日报的经营者历史上来自东南亚华侨,世界日报、华人今日网、苹果论坛、北美华文作家协会网、圣路易时报等的经营者来自中国港台地区,侨报、海外文轩网等的经营者具有大陆(内地)移民背景,华尔街日报(中文版)、纽约时报中文网等则是英语主流媒体的衍生品;此外,就网页内容文字形式而言,同时收集了简体字文本和繁体字文本网页。尽管不少网站仅仅是为了吸引用户,同时提供简体字版本和繁体字版本,比如以商业经营性目的为主的网站"中餐通讯",但从网站采用的汉字形式,仍然有可能大致了解其服务的语言人群特征。比如同为商业经营性的"全一快递"网站,就只有简体字版本加英文版本,而没有提供繁体字网页,显然该网站的汉语变体代表的是大陆(内地)标准汉语,无法反映港台地区汉语的特点。

对收集到的原始网页文件(HTML 格式),我们采用程序删除了网页文件中的各种标记,包括导航信息、广告信息等与当前文本无关的内容,得到纯文本格式的语料原始文件共 36,070 个,为便于索引检索系统处理,将这些文件按照网站来源以及简繁字的不同进行了合并,并做了粗略的人工校对,删除了一些明显的重复、错误文字,最终得到的语料库分布情况如表 1 所示:

表1:美国网络书面语语料库

简体字语料				繁体字语料			
文学网站	新闻网站	政府及公用事务	其他	文学网站	新闻网站	政府及公用事务	其他
48,957,850	27,354,815	13,129	26,008,281	4,767,664	17,682,474	2,386,275	4,917,262
37.0%	20.7%	0.1%	19.7%	3.6%	13.4%	1.8%	3.7%
102,452,165(77.5%)				29,753,675(22.5%)			
132,205,840(100%)							

表中数字为字节(byte)数。语料库经字频统计软件统计,汉字字符(token)数量为 46,881,254 个,汉字字种(type)数量为 10,333 个。为行文方

便，以下将该语料库简称为 CNAC(Corpus of Northern American Chinese)。

为了考察美国汉语的语法特点，我们采用北京大学中国语言学研究中心(CCL)现代汉语语料库作为标准汉语的代表样本，在分项考察各语法项目时，将对比分析各语法项目在这两个语料库中的表现。CCL 语料库的字数规模为 5 亿字，涵盖语料范围除文学、新闻等上述 4 个类别外，还包括口语、剧本、说明文、学术论文等多种类型，更为广泛。

2.3　美国汉语书面语语法特点考察

跟语音、词汇相比，语法在语言变体之间的差异，一般并不显豁，要全面而系统地归纳美国汉语语法跟标准汉语之间的差异，从而呈现美国汉语语法的特点，不是短时间内容易完成的任务。不过，以往学术界对中国大陆(内地)邻近地区的汉语变体的考察，可以为我们的分析提供一个参考框架。对港式中文的特点分析(邵敬敏、石定栩 2006；石定栩、王冬梅 2006；田小琳、马毛朋 2013)，对新加坡和马来西亚华语语法特点的分析与归纳(陆俭明 2001，2002；祝晓宏 2008；黄立诗 2013)，对台湾文学作品中汉语语法特点的考察(侯昌硕 2003)等，都涉及多个语法项目。跟中国港台、东南亚地区的华语相比，美国汉语更像是一个汉语变体的大融合，因为美国汉语使用者正是来自这些不同地区但同属中华文化圈的移民。从某种意义上说，我们的主要工作是考察以往有关亚洲地区汉语变体语法特点的研究，在美国是否存在同样的表现。另外值得说明的是，通过语料库来进行语法变异的考察，往往也采用定量统计分析的方法，但一方面我们目前现有的语料都还只是生语料，未经分词和词性标注等语法范畴标注，很难得到精确的统计数据，另一方面，已有的基于语料库的汉语变体语法特征对比分析的初步结果显示，定量分析对于说明一个语言变体内部的语法项目差异可能有作用，但对于语言变体之间的语法特点对比，还难以得出有说服力的结论。可参考 Huang *et al.* (2014) 和 Lin *et al.* (2014) 有关汉语形式动词"进行、搞、做、加以"等在大陆汉语和台湾汉语语料库中的定量分析研究。综合上述因素，我们对美国汉语书面语语法特点的考察，主要是在现有的标准汉语语法体系框架下，借鉴已往对汉语变体间的语法差异研究，对取自互联网的美国汉语书面文本语料做定性的分析。以下分 3 个大类，

12 个小项分别考察。每个语法项目涉及的用例都是美国汉语中有,而标准汉语中无(或极罕见)的用法。在下面具体分项讨论美国汉语的语法特点时,一般仅列举在 CNAC 中查找到的用例。只在需要做对比分析的时候,才涉及 CCL 语料库中的用例。CNAC 中的用例主要反映书面语的情况,不过,因为 CNAC 的语料来自网站,我们给出的例句中也有少数用例带有网络语言的风格特点。

2.3.1 词类

2.3.1.1 量词

美国汉语中有一些量词的搭配范围跟标准汉语有所不同,例如①:

(1)帝国王朝的酒窖藏有超过七万支美酒。(中餐通讯)

(2)那是一枚陈旧的毕业证书,证书首页……是一脸稚气……(文学城博客)

(3)1 颗洋葱,切小粒,2 粒马铃薯,切小块。(中餐通讯)

(4)原料:新鲜草莓,1 粒绿柠檬……(中餐通讯)

(5)比尔德基金会是纽约一间非牟利机构。(中餐通讯)

上面例句中的量词在标准汉语普通话中应该是:例(1)用"瓶",例(2)用"张",例(3)(4)用"个",例(5)用"家"。

除跟名词的搭配选择范围有所不同,美国汉语中还有"大+量词"的用法,组合后的整体可以受程度副词的修饰,例如:

(6)没吃过日本红薯。葡萄牙语叫它 patata douce。黄芯的很大块。除了大西洋岛屿,我在别的地方没见过。(海外文轩)

(7)日月潭里最有名的是曲腰鱼与奇力鱼,曲腰鱼较大只,味道鲜美。(海外文轩)

(8)图片新闻:(郭晶晶喜得贵子)霍震霆:很大只,头发很多。(苹果论坛)

例(6)中"大块"用于描述红薯的形状;例(7)中"大只"描述曲腰鱼;例(8)中"大只"描述刚出生的婴儿。这些"大+量词"组合,从功能上说都是在

---

① 例句后面均只注明语料文本的网站来源,不具体到文章。

谓语中心语的位置,且能受程度副词修饰,属于形容词性范畴。

美国汉语中量词的上述特点并非独创,很可能是来自中国港台地区和东南亚地区的汉语变体。

2.3.1.2　数词

美国汉语中有一种表达约数的格式:数词+多+数词,例如:

(9) 一看,最便宜的都要二十多三十块,就一件背心,还是渔网布……(海外文轩)

(10)我掂了一下她的两件行李……每件也有十多二十磅? 可惜家中没磅秤。(海外文轩)

(11)我买了十多二十年六合彩,还是一穷二白,连三奖也没有中。(倍可亲)

例(9)中的"二十多三十"相当于标准汉语中的"二三十",例(10)(11)中的"十多二十"相当于"一二十"。这种表达约数的方式在我们目前收集的语料中,仅见于"一二十、二三十"这样的相对小的约数,如果表示大的约数,比如"五六十、七八十"等,在语料中查找到的表达形式,都是跟标准汉语相同的。此外,上述表达约数的形式,前一个数词后也可以嵌入量词使用,如:

(12)我们刚刚开张的时候,做了一年多两年的时候,很多杂志,报社,甚至电视台,BBC,CHANNEL4 都有来过这边。(中餐通讯)

(13)就这样把,买个表费了我一个多两个小时……(世界部落格)

(14)我就喝了两瓶多三瓶。就还好啦……(世界部落格)

例(12)中的"一年多两年"相当于"一两年";例(13)中的"一个多两个"相当于"一两个";例(14)中的"两瓶多三瓶"相当于"两三瓶"。这种用法中的约数通常也是较小的约数。

2.3.1.3　指示代词

美国汉语中有"今"相当于标准汉语中"这"的用法,常见搭配有"今次、今届"等,例如:

(15)克林顿和希拉里本身民望已高,在今次选战中有功无过。(万维网)

(16)嘉玲看好章子怡夺得这届金马奖影后,今次在品牌活动碰头,会先祝福对方。(未名空间)

(17)曾在业余标准舞及 IDSF 世界赛叱咤风云的高手沙沙/娜塔莎从今

届转战职业组。（生活波士顿网）

值得注意的是,在 CNAC 中也有不少"这次、这届"的用例,而对应地,CCL
语料库中也有"今次、今届"的用例,但对比之后不难看出,"今次、今届"这样
的用法在美国汉语中明显比在标准汉语中占优。

表 2

	CNAC	CCL
今次	74	124
这次	4747	90354
今届	10	29
这届	30	2299

2.3.1.4　副词

"一次过"在普通话中的意思是一次即通过,但在美国汉语中"一次过"
(或为英文的 lump sum 或 one-off 的翻译,也见于东南亚华语)发挥类似标准
汉语中"一次性"的状语修饰功能,但没有"一次性"的区别性(定语)用法,
例如:

(18)同一桌人有不同口味都可以一次过满足,还增加大家的亲切感。
　　（中餐通讯）

(19)美国最大银行摩根大通……同意支付破纪录的 130 亿美元赔偿,一
　　次过解决……所有民事诉讼和索偿。（万维网）

程度副词"比较"修饰否定形式也是美国汉语的表达特点。例如:

(20)一般在路上行驶,尽量跟着车流走,不要自己一部车开得特别快或
　　特别慢,比较不会引起警察的注意。（洛杉矶华人资讯网）

(21)(苦瓜)买那种肉质厚一些的,比较不苦,慢慢你就喜欢了。（海外文
　　轩）

(22)美国的学者则认为……王金平本人过往在两岸关系方面比较没有
　　积极的主张。（侨报新闻）

美国汉语中还有一个程度副词"好"也很常用。例如:

(23)的确是阳春白雪啊。儿子好随和,做事好认真,将来一定有出息。
　　（海外文轩）

(24)只是看到了顺便问一下,mm①也好认真的去咨询然后给我说。(苹果论坛)

2.3.1.5　连词

美国汉语中有些连词的用法跟标准汉语相比,很有特点,比如表达原因的连词"因",其后可以跟助词"着",是标准汉语没有的用法。例如:

(25)两个未曾谋面的女人,隔着60年的时空,因着一本美食经典,相约在都市厨房。(海外文轩)

(26)然而不少很好的思想、主义因着人能力的局限、人性的软弱、罪恶而无法达到原本的理想、目标。(未名空间)

(27)慈爱导向信任感。孩子因着慈爱获得安全感。(文学城博客)

(28)可悲的一个人物。因着来自下层社会,囊中又羞涩,虽然相貌也算堂堂、才气也不输旁人,婚姻市场上却沽不得一个好身价。(海外文轩)

另外,一般用于连接两个并列关系成分的连词"并"也有不同于标准汉语的用法,例如:

(29)"台湾美食飨宴"还端出台湾最具人气的珍珠奶茶和凤梨酥,深受西班牙饕客喜爱,代表处并贴心为每位宾客准备现做凤梨酥伴手礼礼盒,让更多人可以同享美味。驻西班牙代表处新闻组组长詹昭明在活动前并接受"马德里电视台"直播节目访问,透过镜头介绍本次美食活动的特色菜肴,和西国(西班牙)观众分享台湾菜特色及台湾民情风俗。他并欢迎西国民众多到台湾,亲自品尝道地美食。(中餐通讯)

例(29)中"并"用于并列复句的后一个分句时,前面还可以出现主语,而且,该主语跟前一个分句的主语所指既可以不同,也可以相同。前一种情况两个分句的主语分别是"台湾美食飨宴"和"代表处",所指不同;后一种情况两个分句主语分别是"詹昭明"和"他",所指相同。

标准汉语中有的关联词语是在复句的前后分句中成对使用的,比如"即使……也",美国汉语中则可以只单用其中前句的关联成分。例如:

---

① 例句中的 mm 一词在网络语言中谐音"妹妹、美眉",一般指年轻的女孩子。

(30)一、我们企业没有亲戚。二、即使有亲戚,他的考核与其他员工是一样的。(中餐通讯)

(31)在竞争异常激烈的今天,即使暂时性地领先了一步,人人都在努力,随时会有被人家追赶上的可能。(中餐通讯)

上面例(30)(31)在标准汉语中,"即使"后的一个分句中,都应该用"也"来跟"即使"所在分句关联:

(30')……即使有亲戚,他的考核与其他员工也是一样的。

(31')……即使暂时性地领先了一步,人人都在努力,也随时会有被人家追赶上的可能。

2.3.2　重叠形式及其语法功能

2.3.2.1　形容词重叠

美国汉语形容词重叠形式跟标准汉语一样,不过有些标准汉语中没有重叠形式的形容词,在美国汉语中也有重叠用法,例如:

(32)什么都可以变,游水海鲜绝对不能变,必须是生生猛猛的。(中餐通讯)

(33)日本人开日餐馆,永远都是规规矩矩正正宗宗的。(中餐通讯)

上例中的形容词"生猛""正宗"在标准汉语中一般没有重叠形式。

形容词重叠的语法功能在北美汉语中更为广泛,例如:

(34)终于明白这个城市的许多人素质还是低低,于是暴风雨后的十字路口成了街头一景。(海外文轩)

(35)女郎好像还不高兴。愣把个烧火棒,举得高高。(海外文轩)

(36)阿富汗公共浴室,洗澡不用脱光光。(留园网)

(37)东西还蛮多……,看来不适合带着乱乱跑,只好将东西放回酒店。(世界部落格)

例(34)中"低低"做谓语中心语;例(35)中"高高"做组合式述补结构的补语;例(36)中"光光"做黏合式述补结构的补语;例(37)中"乱乱"做状语,这些位置在标准汉语中一般用"重叠形式+的"格式(即"低低的""高高的")或光杆形容词形式(即"光""乱")。

2.3.2.2　动词重叠式

美国汉语中动词的重叠形式可以用于一些特定的格式,例如:

(38)请您先看看一下精华帖子的内容,扫扫盲。(洛杉矶华人资讯网)

(39)看看 Bennigan's,Denny's 或者 Olive Garden's 的菜单吧,问问下自己:
　　为什么我的菜没有它们卖得好?(中餐通讯)

(40)脂肪粒怎么形成的,能不能挤挤掉,会不会有疤痕?(华人今日网)

(41)来买过几次了,很好。打包的时候把原包装都一起装装进去了。
　　(生活波士顿网)

(42)从乐富足球场经过了乐富公园出来大路,走下走下来到了这家侯王
　　庙,反正都来到了就进去看看。(世界部落格)

(43)今天你要是真的打在俺妈身上,我一定会让你揭下来,不信你打看
　　看!(海外文轩)

例(38)—(43)中有"VV 一下""VV 下""V 下 V 下""V 看看""VV 掉"
"VV+趋向动词"等格式,这些格式标准汉语中要么没有,要么用法不同。比
如例(38)—(41)在标准汉语中都不能用重叠形式,只有"V 一下""V 下""V
掉""V+趋向动词"格式。例(42)中的"V 下 V 下"在标准汉语中一般仅用于
祈使句,如"坐下坐下"。例(43)在标准汉语中对应的格式为"VV 看"。

2.3.2.3　名词重叠式

跟标准汉语类似,美国汉语中名词重叠形式并不多见,不过可以观察到少
数用例是标准汉语中没有的用法,例如:

(44)我喜欢湿地公园水水的空气,虽然那儿并没有什么特别好玩的。
　　(海外文轩)

(45)在我面前他却总体现出真正的要帮我上进的姿姿态态。(侨报博
　　客)

例(44)中"水水"表示性状,意思是"潮湿"。例(45)在标准汉语中一般
说成"各种姿态"。美国汉语中这种重叠形式,使表达显得生动。

2.3.3　特殊的短语结构

2.3.3.1　述宾结构

美国汉语中有一些在标准汉语中没有的述宾结构,概括来说就是不及物动词或者形容词带宾语。尽管这种现象作为类型而言在标准汉语中也存在,但美国汉语中的一些具体用例跟标准汉语相比仍有所不同,例如:

(46)如今怎样,灰溜溜回来美国,50 岁了,从头开始找工作。(海外文轩)

(47)于是到十三岁他就跑回去印度跟尼泊尔交界的地方去做修行。(海外文轩)

(48)我上次碰上打折,带回去露华浓和密斯佛陀唇膏唇彩十几个。(生活波士顿网)

(49)很多老板们往往在被潜规则的同时,也在对别人进行潜规则,这已是不争的事实。(中餐通讯)

例(46)—(48)中的述宾结构都包含了复合趋向动词"回来""回去",在标准汉语中,无论是复合趋向动词本身,还是附着在动词上构成述补结构(如"跑回去""带回去"),都不能带宾语,但在美国汉语中却可以有这种用法。

例(49)中"进行潜规则"是形式动词带宾语的用例,其中"潜规则"本身从构词结构和一般用法而言,应属名词,但常常被活用作动词,但直接用在形式动词后的宾语位置,在标准汉语中还比较少见。

跟"进行"相比,同为形式动词的"有"能带的宾语远多于标准汉语。例如:

(50)后来在阿山街(Asan Tole)有看到卖做盘子的叶片,真是非常花工夫的一道料理。(中餐通讯)

(51)在 See You Lodge 还有吃过一种口味像甜甜圈的西藏面包(Tibetan bread)。(中餐通讯)

这种"有"的用法是受粤语和闽南语的影响(Chao 1968)。

美国汉语中还有一种"V+回"述补结构,其后可以带宾语,宾语的类型和语义都跟标准汉语有很大差异。例如:

(52)我们每次请学生交回家长签字的回信等作业时,总会有学生没交,问他们原因,他们通常都回答:我给我妈妈(或者爸爸)了,但是他们

还没给回我。(海外文轩)

(53)杂志并不好看,大量的广告插页,都恶狠狠地盯准了女人的钱包,一页页慢慢翻过去,突然迷蒙的眼前一道闪亮,是一款提包,我无限喜欢的那种,温雅却不做作,简约却有风格,爱上了它,视线下移,看到了价格,5000多美金,重新看回提包,立刻挑出不少毛病。(海外文轩)

(54)我想趁机带她去买靓裙,谁知她坚持要穿回两年前小学毕业那条白裙子!(海外文轩)

(55)说回那道栗子汤,上菜时只见一堆泡沫中间有个小小挖空的四方体……(中餐通讯)

标准汉语中"V+回"后面通常带处所宾语(如"搬回老家"),如果带受事宾语,则表示受事宾语的位移(如"拿回了房产证")。而在美国汉语中,"V+回"中V并不限于表位移的动词[例(52)—(55)中的"给、看、穿、说"],而且其后所带受事宾语往往不是表示位移,而是表示动作相关的事物回复到以前状态[例(53)—(55)]。可参见陆俭明(2001),黄立诗(2013)。

2.3.3.2　含"到"的动词性结构

和很多东南亚华语用法类似,美国汉语中"到"跟在动词后,或在一些动词性结构中有多种用法,所表达的语义也显著不同于标准汉语,美国汉语中的"到"语义更为虚化,常常是起到时态助词的作用,表达事件的时体信息(参见黄立诗 2013),例如:

(56)一进来这眼前的一景真是吓到我了,很久没看见这多人抢购了。(美国中文网)

(57)他说他选择"Evil"就是因为总是被老师指出上课时坐不住,不专心听讲,打扰到讲课……(海外文轩)

(58)我作为替补队员,一直坐着看到完。(海外文轩)

(59)我一边读一边笑,很没同情心的,实在也帮不到你。(海外文轩)

例(56)(57)是"V 到"结构带宾语的用例。例(56)"V 到"后带指人代词宾语,语义相当于"V 着";例(57)是"V 到"后带谓词性表事件宾语,语义相当于"V 了"。例(58)是"V 到完"结构,相当于"V 完了"。例(59)是"V 不到"

结构,后面带宾语,语义相当于"V 不了"。①

2.3.3.3　使役结构

美国汉语中使役结构中的标记动词除"使、叫、让"之外,还用"令到"。例如:

(60)在烹饪的时候运用中国酱油,无疑会令到整道菜充满中国味道。
　　　(中餐通讯)

(61)造型更是重要,可以令到你更加有神采,有活力。(星岛日报)

上面例中的"令到"在标准汉语中一般用"使"表达。

2.3.3.4　比较句式

美国汉语表达比较除跟标准汉语一样使用"甲比乙……"这样的格式外,还有一些独特的表达形式,例如:

(62)美军对马六甲的掌控比任何国家都要来得紧……(时代中国网)

(63)事业与钱财相比,事业上的起色是肯定好过财运的。(文学城博客)

(64)我知道我不够他有钱,我知道我不够他帅,我知道我不够他聪明,可
　　　我知道我拿的出一样东西,那就是真心的付出。(倍可亲)

(65)月月啊你够她冷酷吗? 香香啊你够她能打吗?(未名空间)

例(62)是"甲比乙来得 X"格式;例(63)是"甲+X+过+乙"格式;例(64)是"甲+不够+乙+X"格式;例(65)是"甲+够+乙+X"格式。这些格式都可用于表示差比,其中甲、乙是比较的对象,X 是比较的结果。例(62)中的"来得 X"格式在标准汉语中只需要用 X 表达比较结果即可,不加"来得"。例(64)(65)用"够"表示比较义一般常用于否定式或疑问句中。

值得说明的是,学界在海外华语与标准汉语的句法结构及句式句型的比较方面还有不少研究,涉及双宾结构、"把"字句、"被"字句、反复问、选择问等多种句式②,不过,就我们对 CNAC 和 CCL 语料库的对比考察来看,海外华语变体跟标准汉语相比,在这些句法结构和句式句型上的差异并不显著。而且造成差异的原因主要是方言和文言的影响。可能随着各地交流的增加,语言习惯的相互影响程度会更高,因而造成原来在地域区划层面显现的差异,不是

---

① 关于标准汉语中的"到"在近年的变化,参看 Chen & Tao(2014)。

② 可参见陆俭明(2001),祝晓宏(2008),刁晏斌(2012)等。

在增大,而是在减小,有日渐融合的变化趋势。对此,我们就不展开讨论了。

2.4　英语对美国汉语的影响

上文所考察的美国汉语语法特点,基本上都反映的是粤语或闽语对美国通用汉语的影响。这一节我们再来简略讨论英语对美国汉语的影响。

英语在美国是无可争议的优势语言,因而英语对汉语的渗透是非常常见的。突出的形式上的表现就是一段话中,既有中文又有英文。对于这种社会语言学中所谓的"语码混合"(code mixing),有学者区分了三种不同的情况:混用、杂用、夹用(邵敬敏、吴立红 2005)。其中混用和夹用都是以中文的视角来看中文文本中的英文,区别只是所用英文的单位大小不同,混用倾向于使用英文句子级单位,而夹用则指的是中文句子中出现英文单词或词组。杂用则是从英文的视角来看中文文本中的英文,即用得蹩脚的洋泾浜式英文。这些不同类型,在 CNAC 中都很容易找到对应的例子:

(66)在最后的签语饼里我拿了张:"You have a friendly heart and are well admired."更觉惊喜。(中餐通讯)

(67)公司午餐时间只有 45 分钟,而我们这些小萝卜头必须以打卡时间为准,外出用餐前要打卡签退(Clock Out)、回来再打卡签入(Clock In),所以只能恋恋不舍地离开。(中餐通讯)

(68)周二一大早,我开车接上其他两个成员,目前在斯坦福大学读书的 Jenny Hong,和目前就读 Palo Alto 高中,已经被哈佛录取的 Karine Hsu,驱车前往星岛中文电台。一路上堵车,走在 car pool 道上也不例外,虽然已经提前预算了 30 分钟时间,可是 Who Knows? 我真是一路上担心,如果堵车不能及时赶到,那可真是让人尴尬的事。(海外文轩)

(69)后有统计发现超过一半的亚裔孩子在学校都被 bully 过,我高中也被 bully 过,结果是试图 bully 我的同学骨折一个胳膊丢了俩牙,抱歉我练过……(未名空间)

(70)把"殘疾人衛生間"(Handicapped Restroom)翻譯為"畸形人的廁所"(Deformed Man's Toilet)。(纽约时报)

(71)自 2010 年"ungelivable(不給力)"等中式英語風靡網路後,似乎標誌著一個從"中國人背英語單字"到"中國人造英語單字"的跨越性時代已經來臨。報導形容,過去一些被"people mountain people sea(人山人海)""watch sister(表妹)"等中國式英文弄得雲霧不清的老外,開始覺得"中國製造"的英語很有意思。(美中新闻網)

上面例(66)属于混用,中文句子中有一个完整的英文句子。例(67)(68)(69)则是夹用的例子。例(67)中夹用的英文表达形式放在括号中,正文中则用的是对应的中文表达方式,但显然,作者可能估计中文表达(相当于译文)不一定为中文读者所了解,于是就附上了英文表达(相当于原文),以便读者更好地理解句意。例(66)中有一个词"签语饼"比较特殊。这个词是海外中餐馆的一个发明,对应的英文表达是 fortune cookie。中餐馆会给用餐后的客人提供一些免费的饼干,其中夹着写有吉祥话语的纸条。餐馆希望客人在吃饼干的时候看到纸条,会心情大好。例(68)(69)中夹用的英文则没有对应的中文表达,这里面的英文包括地名(Palo Alto)、人名(Jenny Hong),美国生活中常用的英文词(car pool①)以及英语中的常用习语(Who Knows),这些英文词,要么不方便给出对应的中文翻译,要么是因为生活在美国的人耳熟能详,于是没有必要给出,同时也彰显出使用者的身份认同(language identity)。例(69)中的 bully 在 CNAC 中检索到 69 个用例,而在 CCL 库中只检索到 2 个,这明显是社会生活环境的差异对语言使用的影响。例(70)和例(71)属于所谓的"杂用",其中有的英文表达形式从英语的视角来看,就属于蹩脚的洋泾浜英语。

英语对美国汉语的影响,更多的是体现在上述例子所显示的词汇或语符表层层面,即中文句子中大量夹杂英文表达形式。正如邵敬敏、吴立红(2005)在考察港式中文中的英语夹杂现象时所指出的,夹用的主要语言成分都是名、动、形等实词。我们用程序自动抽取了 CNAC 中的所有非中文字符串,共计 132,559 个。频次居前的都是实词性成分,如媒体名称(VOA,ABC

---

① 美国交通管理部门为鼓励多人共乘一辆轿车,提高家用轿车运输效率,在高速公路上特别划设了所谓的"car pool line"(共乘车道):如果一辆轿车中乘坐超过 1 人(即除驾驶员外还有其他乘客),则该车辆可以在共乘车道上行驶。一般来说,共乘车道的车速会比在其他车道上更快一些。

等），产品名称（iPhone，iPad 等），公司名（Google，Facebook），组织名（NBA，AIM，SAT，FBI）等。

除上述形式上明显的"句内语码转换"（intra-sentential code-switching），英语对美国汉语的影响也体现在一些中文表达方式的变体形式上，例如：

(72) 她不但不能作傳道人的賢內助，相反地，卻會作傳道人的大阻礙。（圣路易时报）

(73) 由於美股超賣，任何好消息都會帶動股市上揚。相反地，任何關於磋商的負面消息，也將拖累股市挫跌。（美中新闻网）

例 (72)(73) 中的"相反地"在标准汉语中只需要用"相反"即可，不需要加助词"地"来标记其状语成分的性质。

前人的不少研究也讨论了英语对汉语句法结构层面的影响。不过，这些影响也跟词汇层面的差异类似，往往是零散的、个体性质的，并无系统性很强的表现。另外，英语对汉语的这类影响一般也并不局限于某一个地区，而是呈现汉语不同区域泛化的态势。比如石定栩等（2003）指出港式汉语中的"N 后""X 或以上、X 或以下"等结构形式是受英语句法的影响。但实际上，这类表达形式，在标准汉语书面文本中也并不少见：

(74) 她担任过红旗锡剧团编剧，胡风事件后，她的名字也列入辞退人员名单。（CCL 语料库，1994 年报刊精选）

(75) 调查结果显示，全国 12 岁或以上城乡居民中，收听中央台广播节目的比例为 78.1%。（CCL 语料库，1993 年《人民日报》）

实际上，伴随着所谓全球化进程的加速，加之互联网的巨大影响，一些英语句法结构的表达方式不仅影响着香港书面汉语，也影响着内地的标准汉语以及全球其他地区的汉语地域变体。美国汉语中的英语句法迁移跟其他地区汉语变体中的英语渗透相比，似乎并无独特之处。

2.5　余论

本章从词类、重叠、句法结构、英语的影响等几个方面考察了美国汉语书面语不同于标准汉语的特点。目前观察得到的结果基本没有超出学界已有的关于中国港台地区和东南亚华文变体语法特点的研究。限于初步构建的

CNAC 语料样本的类型、语料标注深度、考察的工具手段等,我们对美国汉语语法特点的挖掘还比较零散。此外,我们未对造成美国汉语语法特点的原因做进一步分析,而这方面的工作其实是跟汉语区域变体的语法特点的发掘紧密相关的(可参考李计伟 2012)。同时,基于语料库来分析语言变体内部的语法差异已有不少定量统计的研究范式(可参考 Gries 2003)。如能有所借鉴,对于今后汉语区域变体的语法特征的系统研究,有可能起到很大的推动作用。

在研究过程中形成的两点认识或者说体会,在这里略作说明,或可对今后的相关研究有一定参考意义。一是在考察区域变体的语法特点时,应注意区分临时用法(修辞现象)、误用跟真正的语法特点(参见陆俭明 2001)。比如有的学者在分析台湾地区汉语的语法特点时,提到一些名词用作动词的例子(例如:"外面春雨着")。尽管具体的用例可能确实仅见于台湾地区而在大陆的汉语语料中未出现过,但作为一种语法类型,名词用作动词在大陆标准汉语文本中并不罕见。这种属于临时用法,并非台湾地区汉语变体真正的语法特点。二是一个地区的汉语往往是多个层次的汉语变体的混合,正如邵敬敏、石定栩(2006)对香港语言状况做分析时所指出的那样,香港的语言环境是四文共存的局面,即标准中文、港式中文、粤语书面语和英文(其实英文也可以进一步细分为不同变体)。美国汉语的情况也类似,目前构建的 CNAC 语料库本身就已经包含了来自不同地区的汉语变体,要从中挖掘真正的地区语法特点,实际上难度相当大。而当今人类社会所处的外部社会环境,也越来越像所谓的"地球村"。Hundt(2001)有关英语变体语法差异的研究就显示,语法变异是在趋同(convergence),而不是趋异(divergence)。就英语对汉语语法的影响来说,海外华语和大陆标准汉语越来越趋向于同步发展。海外华语中可以看到的各种所谓"欧化"用法,在大陆汉语中也同样屡见不鲜,这就是当前网络时代全球汉语宏观面貌的一个侧影。

参考文献

刁晏斌 2012 两岸四地的"遭"字句及其与"被"字句的差异,载《语言教学与研究》第 5 期。

郭熙 2001 汉语的国际地位及海外华语未来的走向,在马来西亚韩江学院的演讲稿节录,2001 年 8 月 23 日,http://www. huayuqiao. org/articles/guoxi/

guoxi9. htm。

侯昌硕 2003 从台湾当代小说看海峡两岸汉语的语法差异——兼析两岸语言融合的态势,载《延安大学学报(社会科学版)》第4期。

黄立诗 2013 马来西亚华语口语部分特殊语法现象研究,北京师范大学博士学位论文。

李计伟 2012 "两个三角"理论与海外华语语法特点的发掘,载《汉语学报》第3期。

陆俭明 2001 新加坡华语句法特点及其规范问题(上),载《海外华文教育》第4期。

陆俭明 2002 新加坡华语句法特点及其规范问题(下),载《海外华文教育》第1期。

邵敬敏、石定栩 2006 "港式中文"与语言变体,载《华东师范大学学报》第2期。

邵敬敏、吴立红 2005 香港社区英文词语夹用现象剖析,载《语言文字应用》第4期。

石定栩、王灿龙、朱志瑜 2002 香港书面汉语句法变异:粤语的移用、文言的保留及其他,载《语言文字应用》第3期。

石定栩、王冬梅 2006 香港汉语书面语的语法特点,载《中国语文》第2期。

石定栩、朱志瑜 1999 英语对香港书面汉语句法的影响,载《外国语》第4期。

石定栩、朱志瑜、王灿龙 2003 香港书面汉语中的英语句法迁移,载《外语教学与研究》第1期。

苏金智 1997 英语对香港语言使用的影响,载《中国语文》第3期。

田小琳、马毛朋 2013 港式中文语序问题略论,载《汉语学报》第1期。

项梦冰、曹晖 1992 大陆的汉语方言语法研究,载《云南师范大学学报(哲学社会科学版)》第6期。

邢福义、汪国胜 2012 全球华语语法研究的基本构想,载《云南师范大学学报(哲学社会科学版)》第6期。

徐大明、陶红印、谢天蔚 1997 《当代社会语言学》,北京:中国社会科学出版社。

赵春利、石定栩 2012 港式中文差比句的类型与特点,载《云南师范大学学报

（哲学社会科学版）》第 6 期。

赵一凡 2005　半个世纪中两岸三地语法的发展与变异及其规范化对策，黑龙江大学硕士学位论文。

赵一凡 2013　闽粤方言语法对两岸三地书面语语法的渗透，载《现代语文：下旬·语言研究》第 8 期。

周敏、林闽钢 2003　从新移民和新华人聚居区看美国华人移民社区的变迁，载《华夏人文地理》第 17 期。

朱德熙　1982《语法讲义》，北京：商务印书馆。

祝晓宏　2008　新加坡华语语法变异研究，暨南大学博士学位论文。

祝晓宏　2014　海外华语语法研究：现状、问题及前瞻，载《集美大学学报（哲学社会科学版）》第 1 期。

Chao, Yuen Ren 1968 *A Grammar of Spoken Chinese*. Berkeley: University of California Press.

Chen, Kan and Tao, Hongyin 2014 The rise of a high transitivity marker 到 *dao* in contemporary Chinese: Co-evolvement of language and society. *Chinese Language and Discourse* 5. 1: 25 – 52.

Chiu, Hsin-fu 2011 Interactional Account of Relational Harmony in Chinese Immigrant Families: A Comparative Perspective. Dissertation of University of California, Los Angeles.

Gries, Th. Stefan 2003 Grammatical variation in English: A question of 'structure vs. function'? In G. Rohdenburg and B. Mondorf, eds., *Determinants of Grammatical Variation in English*, 155 – 174. Berlin & New York: Mouton de Gruyter.

Huang, Chu-Ren, Lin, Jingxia, Jiang, Menghan and Xu, Hongzhi 2014 Corpus-based study and identification of Mandarin Chinese light verb variations. In *Proceedings of the First Workshop on Applying NLP Tools to Similar Languages, Varieties and Dialects*, 1 – 10, Dublin, Ireland.

Hundt, Marianne 2001 Grammatical variation in national varieties of English — The corpus-based approach. In *Revue belge de philologie et d'histoire* 79. 3, *Langues et littératures modernes-moderne taal-en letterkunde*, 737 – 756. doi: 10. 3406/

rbph. 2001. 4545.

Lin, Chih Ying, Woodfield, Helen and Ren, Wei 2012 Compliments in Taiwan and Mainland Chinese: The influence of region and compliment topic. *Journal of Pragmatics* 44. 11: 1486 – 1502.

Lin, Jingxia, Jiang, Menghan and Huang, Chu-Ren 2014 A comparable corpus driven, multivariate approach to light verb variations in world Chinese, Paper presented in Second Asia Pacific Corpus Linguistics Conference (APCLC 2014), The Hong Kong Polytechnic University.

Ryan, Camille 2013 *Language Use in the United States: 2011*. American Community Survey Reports. US Census Bureau. Issues August 2013. https://www. census. gov/prod/2013pubs/acs-22. pdf (last accessed July 6th, 2015).

Xiao, Yun 2012 Chinese language in the United States: An ethnolinguistic perspective. In L. Tsung and K. Cruickshank, eds. , *Teaching and Learning Chinese in Global Contexts*, 181 – 195. London: Continuum.

第三章 洛杉矶华报所见汉语语法变异现象初探

　　洛杉矶是美国华人最为集中的三大城市之一[①]，华人移民的悠久历史、华人社会的多元文化、英语的影响、汉语不同方言的长期接触，造成了洛杉矶华语和普通话在词汇和语法方面的诸多差异。我们对当地主要的华文报纸——《世界日报》《星岛日报》《侨报》《中国日报》和《国际日报》（使用语料为2012年6月至2013年12月）[②]进行了调查，详细分析了洛杉矶华语在虚词、语序、句法格式和韵律等方面所反映出的变异。

　　根据我们对过去相关文献的梳理，海外华语研究的绝大部分内容集中在以新加坡为中心的东南亚。而在以新加坡为中心的东南亚华语研究中，有关教学和华语词语的研究最多，语法研究薄弱。据粗略统计，海内外的论文仅有几十篇，且多数是举例性的（祝晓宏2014）。美国华人移民人口众多，而且，美国当地对于外来文化的包容性很强，洛杉矶等大城市的华文媒体又非常兴盛，这些都是美国华语变体形成的必要条件。本章即是以洛杉矶当地的华文报纸为语料来源，重点介绍美国华语在某些虚词的使用、语序、句法格式和韵律等方面所表现出的独特性。根据邢福义、汪国胜（2012），描写应该仍然是海外华语语法的基础工作和重中之重，本章的主要目的即描写，并帮助读者了解美国华报语法的基本特点。

---

　　① 据美国华人最新分布图（http://us. fang. com/news/10701137. htm）。

　　② 这些华文报纸的背景各不相同，如报社的语言政策、编辑的方言背景以及目标读者群的定位等，造成不同报纸在语言特色上的差异。《侨报》的普通话特色相对较浓，《星岛日报》有香港粤语味，《世界日报》代表台湾"国语"。但各报都有大量的英汉夹杂和方言特色混杂的情况。

3.1 虚词

3.1.1 连词"并"的用法

普通话中的连词"并"可以连接谓词性成分和句子,表示递进。连接分句时,该分句前的主语承前省略。但洛杉矶华文报纸中的"并"在连接分句时,后一分句的主语可以不省略,举例如下:

(1) 当被问到是否暗示欧普拉说谎时,高兹支支吾吾表示:店员的英文不够好,可能沟通有误会……她并否认店员有种族歧视的态度,仅说"这是场误会。"(《欧普拉遭歧视 瑞士观光局道歉》,《世界日报》2013 – 8 – 10)①

(2a) 幻灯片并指出,这是美国国安局历来范围最严的监控系统。

(2b) 幻灯片并夸耀地指出,XKeyscore 与美国其他已曝光的监控系统不同,因为 XKeyscore 可将几乎所有线上活动编入索引,使资料可供搜寻。(《卫报再爆美超强系统看光网路》,《国际日报》2013 – 8 – 1)

不仅如此,"并"还可连接主语不同的两个分句:

(3) 外交部发言人华春莹表示,中美两国经济紧密相连,密不可分。希望美方妥善处理有关问题,确保中国在美资产安全。此前中国财政部副部长朱光耀并要求美国一旦发生债务违约,应首先确保国债利息的支付。(《每位美国人平均欠中国 4045 美元》,《世界日报》2013 – 10 – 12)

田小琳、马毛朋(2013)在讨论"港式中文"的语序特点时对"并"的这一用法有详细论述。他们认为"并"的这一用法——连接前后两个主语不同的分句、连接前后两个主语相同的分句,但后句主语不省略的现象——有强调和凸显从而使主语成为对比焦点的作用。彭小川、赵敏(2004)通过对当代十几位作家作品的检索发现:"并"连接分句是其作为连接词的主要功能,远远超

① 例句出处的标记方法为:文章名、报纸名、日期(有些例句无文章名或因当时记录所限,只好阙如)。有些例句本身就是文章名,故其后只注明报纸名和日期。

过其连接动词和动词短语的例句。最关键的是,后一分句的主语和前一分句相同时,必须承前省略。洛杉矶华报中"并"的用法更接近于港式中文。

3.1.2　连词"及"的用法

因为从文言文继承而来,"及"一般用在书面语中连接并列的体词性成分,不连接谓词性成分和句子,一般中间也不用逗号隔开。但在洛杉矶华文报中,它可连接谓词性成分,表示递进或承接,所连接的部分中间还可用逗号隔开。比如:

(4) 生活只有日以继夜工作,修女常责打及辱骂她们。(《推 2500 失足女到地狱工场　爱尔兰总理道歉》,《侨报》2013－2－7)

(5) 幸附近烧烤人士闻声赶至,分别取水将烟救熄及报警。(《房车扫栏险冲落海》,《星岛日报》2013－2－25)

(6) 华人名校华夏佳境地产学院自开办以来,以优质的教学,引人入胜的生动活泼课堂讲解及擅长专卖Bank Owned,Shortsale 屋享誉湾区,创下口碑。(《华夏地产学院本周开课及新屋出售》,《世界日报》 2013－10－25)

关于所连接语法单位的类型差异,马毛朋(2012)谈到港式中文"及"的用法与此类似——可连接谓词性成分,连接成分前可用逗号,连接成分间没有语义轻重的差别等。石定栩、朱志瑜(2000)则认为香港书面汉语中的"及"就是英语 and 的翻版,不是普通话标准连词的用法。

3.1.3　副词"更"的用法

在普通话中,"更"一般用作程度副词,放在形容词前,表示程度加深。也可放在动词和动词短语前表示动作行为的重复。有学者(如邓根芹、陈风2005)把后者描述为"拷贝性"信息特征,并指出其与"又、还、也"等副词的区别在于不具备完全性拷贝信息的特点。我们发现,洛杉矶华报中的"更"除了具有上述两种用法以外,还可以连接前后两个主语不同的分句(位于后一分句主语之后),传递补充信息,表现出类似连词的性质和特征。比如:

(7) 被告将五只猫安置在三个笼内,其中一只更僵毙。(《香港一宠物店被盗》,《星岛日报》2012－7－27)

(8) 医师若透过造影准确估测肿瘤大小,病人更有机会免于切除前列腺。
(《MRI 肿瘤定位更准确》,《世界日报》2013 - 1 - 7)

(9) IS"全球圣战"美更陷窘境(《世界日报》2013 - 11 - 28)

(10)受访的移民中,大部分均表示会购买传统贺年食品及跟亲友吃饭庆
祝。部分新移民更会花点心思令过年更有气氛。(《道明与您过一
个更丰盛的年》,《世界日报》2013 - 12 - 29)

以上 4 例均可看作用"更"做关联词,连接分句,表示递进和补充信息,不
可理解为表示比较和程度加深。其中,例(8)和例(10)可用"还"替代。这一
用法特征也许来自香港粤语,因为港式中文中的"更"有句间连接作用,其意
义也比普通话更广(周志平 2007)。但不管是来自香港粤语还是台湾"国
语",还是另有起因,我们认为:洛杉矶华报中"更"的语法化程度比普通话更
进一步,已发展出类似连词的语法特性。

3.2 语序

语序是汉语的重要语法手段之一,语言接触研究表明:目的语的语序最容
易受源语的影响而发生变异。洛杉矶地区的华人绝大部分是双语甚至多语
人,且来自中国的不同地区,母语背景极富多元性。不同语言和方言的长期接
触,使当地华语在很多方面都和普通话有差异。其中,语序的变异非常明显,
我们将从词序以及复合句中偏、正句的顺序两个方面来进行考察。

3.2.1 词序

单句内不同成分的顺序指的就是我们通常所说的"词序",如定语和中心
词的位置,谓语和状语、补语的位置等。洛杉矶华报在词序方面和普通话的差
异主要表现在定语、状语和补语的位置上,各华报都有将这些成分后置的倾
向。比如:

(11)台湾食品药物管理署未核准"铜叶绿素"可用在食用油,因吃多会造
成肝肾负担。(《大统黑心橄榄油 南加未流通》,《星岛日报》
2013 - 10 - 18)

(12)DNA 化验工作要在一年后才展开,相信还要等多一段日子才知道结

果。(《疑似蒙娜丽莎真身开棺验 DNA》,《星岛日报》2013 - 8 - 10)

(13)与新标准一起实施的还有新电脑化测验,因此学校纷纷砸大钱在电脑设备上。(《共同核心标准　家长应主动参与》,《世界日报》2013 - 10 - 29)

(14)布朗要求农业、水资源和急难服务等部门每周开会一次,为应付干旱做准备。(《干旱来了　州府设应变小组》,《世界日报》2013 - 12 - 20)

例(11)和例(12)中的"多"按普通话的标准,应该放在谓语动词"吃""等"的前面(是"多吃""多等"而不是"吃多""等多"),因为这两例中的动词后面都有宾语或数量补语,"多"只能放在动词前做状语。"多"或"少"插入动词和宾语之间做补语是港式中文受粤语影响而产生的常见表述方式(田小琳、马毛朋 2013)。洛杉矶的华人移民中有相当多的广东人和香港人,其华语语序带上粤语的印记。同样,例(13)的语序应是"在电脑设备上砸大钱",介词短语做状语应该放在谓语动词的前面。例(14)应为"每周开一次会"。"动+量度形容词"是不能带宾语的,这也是普通话的一条基本规则。关于粤语修饰语的后置,很多学者(黄家教、詹伯慧 1983;周小兵 1993;张振兴 2003 等)都进行过研究。修饰语后置是粤语语序的特色之一,但不是所有谓词性修饰成分都能后置,有的不能后置,有的放在谓词前后均可,有的则必须后置。

下面这些例子也给人一种语序凌乱的感觉:

(15)被允许在美生活和工作,他们然后可以申请永久居留。一旦他们被允许申请绿卡,必须排在其他合法申请者的后面。(《非法移民合法化参院力推》,《世界日报》2013 - 1 - 29)

(16)拳王阿里传健康恶化(《星岛日报》2013 - 2 - 4)

(17)距离赛季全满贯的易建联现在仅一步之遥。(《易建联一天揽两MVP　距离全满贯一步之遥》,《星岛日报》2013 - 2 - 25)

(18)舒华兹指,逃走后蒙内特曾被见到出现在⋯⋯(《封锁搜查 28 所学校大批警力全城搜捕》,《中国日报》2013 - 2 - 21)

例(15)、例(17)和例(18)都和主语的位置有关。例(15)中的"然后"应放在主语"他们"之前;例(17)既违背了专有名词前不用修饰语的规则,同时还有修饰语过长的毛病。主语"易建联"应放在句子最前面,也就是"易建联距离赛季全满贯仅一步之遥";例(18)的小句主语"蒙内特"应放在小句最前面(舒华兹指,蒙内特逃走后曾被见到出现在……)。当然,为了强调,"逃走后"这样的时间状语也可以放在主语之前,但其后应加逗号隔开,也就是(逃走后,蒙内特曾被见到出现在……)。例(16)的情况稍微有些特殊:它一方面可以说是用主动形式表示被动含义(拳王阿里被传健康恶化);另一方面,做宾语的应该是整个主谓词组——"拳王阿里健康恶化",其作为一个整体,中间不应被动词隔开。

3.2.2　复合句中偏、正句的顺序

汉语的复句可分为联合复句和主从复句两大类。主、从句中分句的语序是:从句在前,主句在后。但在欧化影响下,从句后置的现象不断增加(贺阳2008a)。洛杉矶华报上各种状语性从句后置的例子很多,可以看作受英语影响所致,尽管英语中主、从句的顺序比较灵活,从句可以放在主句前,也可以放在主句后,但各华报都有模仿英语的从句在后的趋势。

(19)英国威尔士大臣大卫·琼斯近日被发现使用公车从他的办公室,往返唐宁街首相府,尽管两者间距离只有不到 100 米。(《英高管公务车往返百米路辩称怕妻子头发被吹乱》,《中国日报》2013‑2‑7)

(20)因为他需要读内阁晨报,直到他必须赶往唐宁街内阁会议的最后一分钟。(《英高管公务车往返百米路辩称怕妻子头发被吹乱》,《中国日报》2013‑2‑7)

(21)今年庆祝成立 30 周年的教宗文化委员会宣布将召开国际会议,以推动把良好的价值观灌输进全世界的体育活动。(《净化体坛　教廷征召林书豪》,《世界日报》2013‑1‑19)

这 3 例都遵循主句在前,从句在后的顺序,显然"翻译腔"更浓一些,更接近英语。关于从句后置这一语序特点,王力(1989)认为是"外来结构"。

修辞学研究也认为复句倒置句序是一种变式,具有强调补充等特殊的修辞效果(朱斌、伍依兰 2010)。洛杉矶华报上从句后置的语序,我们认为主要是出于记者和编辑的"求新""求洋"的心理动因,即通过制造和普通话不同的语言特色来凸显自己的美国华人身份。

3.3 句法格式

在同英语的长期接触中,洛杉矶华报上的句法格式变异大量产生,其中最明显的是被动句、双宾语句、强调句和比较句。

3.3.1 被动句

洛杉矶华报中的被动句和普通话被动句的区别首先表现在被动标志的不同上。前者多用"遭",有时也用"挨",而后者多用"被"。比如:

(22)维多利亚省东部利可拉镇唯一联外道路遭阻断,野火延烧范围广达4万多公顷。(《雪梨45℃创高温记录》,《世界日报》2013-1-19)

(23)75岁华裔妇人遭撞死。(《中国日报》2013-1-17)

(24)世通老板仍拒现身 遭暂停会籍(《国际日报》2013-2-21)

(25)有处"王家祖坟"遭填平160多座坟。(《河南周口平坟复耕呈拉锯战》,《中国日报》2013-2-21)

(26)伊能静遭删文(《国际日报》2013-2-20)

(27)走私中国蜂蜜2大供应商挨罚(《中国日报》2012-11-21)

这并不是说,洛杉矶华语的被动标志是"遭"而不是"被"。根据我们的调查,"被"的使用频率低于"遭",但高于"挨"。以下是《侨报》《世界日报》和《星岛日报》(2013-9-1至2013-11-31)的调查数据:

表1:以"遭""被""挨"为标记的被动句频率

	"遭"字句	"被"字句	"挨"字句
《侨报》	7102	8050	3267
《世界日报》	9156	7508	5679
《星岛日报》	9002	7456	5890

三种报纸使用标记不同的被动句的数量各不相同,但总的趋势是"遭"字句>"被"字句>"挨"字句。刁晏斌(2012)指出,"遭"字句的使用大陆(内地)最少,台湾最多,而港、澳地区则处于前两者之间。石定栩等(2006)认为"遭"字

句在港台有文言和书面的语体风格特征,在大陆(内地)却被频繁地用于网络等非正式文体。比如,百度上可见到以下"遭"字句用例:"延安遭城管踩头商户""国足遭围攻""富春山居图遭批""男童遭老师4次毒打"等。台湾"遭"字句用得多,最主要的原因是台湾保留了较明显的文言文色彩(蒋有经2006),而"港台风"是一种时尚,颇受年轻人的欢迎,这就造成了"遭"字句的文体特色在不同地区之间存在差异。

其次,洛杉矶华报上的被动句和普通话被动句的区别还表现在句法结构上。前者有大量的"遭 VN 式""遭 VC 式"以及"遭 AV 式",也就是动词前可出现状语,动词后还可出现宾语和补语性成分等。比如例(25):"有处王家祖坟,遭填平 160 多座坟"。普通话一般说"有处'王家祖坟'被填平"或"160 多座坟被填平"。

再次,洛杉矶华报上被动句的使用频率很高,很多普通话中一般用主动式来表达的句子在洛杉矶华报中都是被动式。比如:

(28)如果有女性被怀疑属于"失足妇女",包括那些未婚怀孕或在这个以罗马天主教为主的国家被标记为淫乱或轻浮的女性,就会被送往这些工厂。(《推 2500 失足女到地狱工场　爱尔兰总理道歉》,《侨报》2013－2－7)

(29)因此他被退学后就到福兴公司的货船上做起电机员。(《雷植田把废物变生财富》,《世界日报》2013－2－21)

(30)31 日还在饭店内被人看见。(《华裔女子酒店内遭谋杀》,《国际日报》2013－2－19)

(31)李子君从小就被发现有溜冰天分。(《新秀李子君秒杀金妍儿》,《中国日报》2013－2－25)

不仅如此,洛杉矶华报中还有用主动形式表示被动含义的例子。当然,我们也可以把这种现象看作被动标记的省略。比如:

(32)对于有商户怀疑囤积日常用品,以高价售于内地旅客……(《旅客访港承受力》,《星岛日报》2013－2－20)

(33)安徽一名男子怀疑为了阻止女朋友坐飞机离开……(《谎报飞机藏炸弹　只盼女友留下来》,《国际日报》2013－7－29)

(34)造成 5 名员工受伤,近 3 万民众疏散。(《贵阳一化工厂火灾致 5 人

伤近 3 万人转移》,《国际日报》2013 - 2 - 25)

最后,洛杉矶华报中有"让"和"被"两个被动标记词同时出现的情况。普通话中有"让"和"给"或"叫"和"给"同时出现的情况,但句法结构完全不同。普通话是"让/叫 N(施事)给 V",而洛杉矶华报是"让 N(受事)被 V",比如:

(35)让邻居被打扰,让周围居民睡觉被打扰。(《中国日报》2012 - 8 - 10)

(36)让客人被吸引而主动来玩才是趋势。(《金神集娱乐度假让顾客主动上门》,《世界日报》2013 - 2 - 19)

滥用被动句被认为是欧化语法的一个倾向。"被"字带贬义,因而汉语对被动句的使用更加谨慎。当然,现代汉语的"被"字句已冲破了消极语义约束,可广泛地应用在中性及褒义事件中,学界认为这是受英语影响所致(如贺阳 2008b)。洛杉矶华报上的"被"字句也有用在中性和褒义语境中的情况,但总体"被"字句的数量少于"遭"字句。

3.3.2 双宾语句

汉语中的双宾语句是一种特殊的句法格式,学界对此讨论很多。传统语法、结构主义、生成语言学、配价语法和认知语言学都对双宾语句进行了大量研究(连巍魏 2010)。洛杉矶华报中的双宾语句也很有特色,主要表现在双宾语句和"把"字句的转换上。在该用"把"字句的时候用了双宾语句或该用双宾语句的时候用了"把"字句。比如:

(37)并颁贺状给主办者李林广告公司创办人林家荣。(《广告界整体水平提升林家荣获奖》,《世界日报》2012 - 7 - 22)

(38)刘淑媛律师将讨论,如何在有利的情况下使用今年到期的 Tax Relief Act of 2010,和在不承担任何联邦赠与税的情况下转移 1000 万美元到下一代。并分享非公民尽量减少他们遗产税的策略。(《卓越理财》,《世界日报》2012 - 7 - 25)

"把"字句宾语是动词宾语的前置,但有的"把"字句宾语不能还原到动词后面去,即"把"字句不能转换为主谓宾句,其中有些是属于语言搭配习惯或音节节奏的问题,同时也存在一些相互转换时的必要条件,如"把"字句谓语动词后有介词结构充当补语时不能转换为主谓宾句(傅雨贤 1981)。例(37)

中,如果把直接宾语和间接宾语的位置调换一下会更自然,即"给主办者李林公司创办人林家荣颁发贺状"。我们认为这里是音节节奏的问题,也就是间接宾语"主办者李林公司创办人林家荣"太长,不宜放在直接宾语后。例(38)若转换成"把"字句会更符合汉语的表达习惯,即"……把1000万美元转移给下一代"。两例给人的总体感觉是,原文好像把英语的语序 V+DO(直接宾语)+to+IO(间接宾语)照搬进了汉语,而没有考虑汉语句法转换时的限制条件。

双宾语句是这种情况,"把"字句又如何呢? 我们在《侨报》和《世界日报》内网上分别进行了检索,结果发现,这两种华报中的"把"字句都有省略介词"给"的现象。比如:

(39)将把政府的法案提交国会。(《侨报》2012-7-29)

(40)不会把问题留下任总统。(《世界日报》2013-2-14)

3.3.3 强调句

现代标准汉语里的"是……的"结构通常表示强调,只有在谓语表达经常发生或将来才发生的事情时,强调式才可以不用"的"(石定栩、朱志瑜2000)。也就是说,标准汉语里带"是"的形容词或动词谓语是所谓的标记形式(marked form),只在特殊环境中使用,表示外加的特别含义。而洛杉矶华语的特点之一就是将这种标记形式变成了普通形式,在非强调的情况下自由运用。比如,下面这些例句从表面上看,是缺少句尾的"的",而实际上是强调式和非强调式的混淆。

(41)菲尔纳是在日前首次以市长身份访问蒂华纳时,向对方市长布斯塔曼提出上述的设想。

(42)长达十年的惩罚期是国会为了遏制非法移民,在1996年订定。
(《公民非法移民 配偶等待期缩短》,《中国日报》2013-2-21)

(43)一份公开报告近日指出,超过1/4的"失足妇女"是经过政府当局送往洗衣工厂。(《推2500失足女到地狱工场 爱尔兰总理道歉》,《侨报》2013-2-7)

"是"字句不可省略句尾"的"的还有一种情况:"的"为结构助词而非语气助词(李秀林2002)。比如:"这本书是图书馆的"不可以说成"这本书是图书馆"。以上三个例句中句尾省略的"的"均为语气助词,省掉是不符合汉语表达习惯的。而且,省略"的"给人一种意犹未尽的感觉,暗示句意将出现转折的可能。普通话一般在表示让步时才省略"的",比如:"这衣服是好,就是贵了点儿。"另外,省略"的"还使强调句失去了强调的意味,混淆了强调式和非强调式的句法结构,淡化了二者之间的语义区别。

3.3.4　比较句

洛杉矶华报中比较句的标记和普通话相比,多用"较""比较""相较",而不是"比""和……相比""和……比起来"等。赵春利、石定栩(2012)在讨论港式中文比较句时把比较标记分为"较"类和"比"类两大类,并根据调查结果认为:港式中文"较"类使用频率高于"比"类,而通用中文则"比"类频率高于"较"类。洛杉矶华报中"较"类频率高于"比"类的现象,暗示其受到港式中文和台湾"国语"的影响。台湾"国语"中有闽南话的印记,而闽南话中"A+比+B+较+P(ADJ)""A+较+P(ADJ)+B"两个句式对台湾"国语"的影响很大(吴翠平2013)。

(44)她们在手术追踪期的死亡风险,较接受乳房切除术妇女低14%。(《乳房肿瘤切除术存活率较高》,《世界日报》2013－2－28)

(45)消委会表示,上半年共接获63宗涉及床褥的投诉,较比去年的38宗,上升逾6成。(《消委会:床褥投诉增逾六成》,《国际日报》2012－7－16)

(46)欧股升1%至1.5%,较早段最多升逾2%为低。(《国际日报》2012－7－18)

例(44)中除了比较标记和普通话不同外,还牵涉比较基准和比较项目的顺序问题。根据张双庆、郭必之(2005),普通话的比较基准一般在比较项目之前,而香港粤语的比较基准在比较项目之后。按照普通话的标准,例(44)应该是:和接受乳房切除术妇女相比,她们在手术追踪期的死亡风险相对较低。

3.4　欧化倾向

3.4.1　超长定语

定语从句是英语的典型句法格式之一,它的出现频率很高,表现力很强,结构也有繁有简。有的相当于一个简单句,有的则包含更低层次的从句,这就造成英语的定语可以很长,而且一般放在被修饰成分的后面。受此影响,汉语中也出现越来越多的超长定语。王力(1989)早就指出,欧化句法的显著特点之一是定语越变越长,洛杉矶华语在这方面非常典型,华报中超长定语的例子比比皆是。比如以下句子中的定语,都是可以分离出来的独立单句,却放在被修饰成分的前面:

(47)我们不需要一位打算把更多的工作输送到海外或者想为把工作输送到海外的公司免税的总统。(《奥罗在经济问题上激烈对攻》,《侨报》2012-7-20)

(48)吴敏霞凭籍五枚奖牌成为继俄罗斯名将萨乌丁(八枚)、郭晶晶(六枚)之后,与伏明霞、熊倪等其他中国选手一起并列夺得奥运奖牌第五多的跳水选手。(《梦幻开局　霞姐淡定》,《星岛日报》2012-7-30)

(49)这个结果可减缓外界对提高叶酸剂量可能使国家健康计划产生副作用的疑虑。(《服高剂量叶酸不会增罹癌风险》,《星岛日报》2013-1-28)

(50)医疗业者升高反对政府删减医疗补助给付的法律抗争。他们表示,在政府为无健保的加州居民寻求扩大高品质的健保之际,进一步减少付款,将使病人无法获得重要医疗。(《加州百万贫民可享健保》,《星岛日报》2013-1-29)

(51)劫持囚禁三名女子十年、并一再性侵她们的克利夫兰巴士司机卡斯楚,26日正式对937项被控罪名认罪,接受以终身监禁不得假释来换取免除死刑的认罪协议。(《性奴绑匪认罪　因千年禁假释》,《世界日报》2013-7-27)

　　以上五个句子中的定语,长度都超过 20 个字,已经造成了理解上的障碍。拿普通话的标准来看,都是不折不扣的"病句"。根据王力(1989),人名之类的专有名词或代词是不能受定语修饰的,文学作品中偶然会出现这种用法,但并不常见。洛杉矶华报中这样的用法却非常普遍,比如下面的例子:

(52)顶着杰克森牧师之子光环的前国会众议员小杰克森,在 20 日承认挪用竞选经费后,政治前途告终。(《父亲盛名庇护政治新星走歧途》,《国际日报》2013 - 2 - 21)

　　从表面上看,被修饰成分"前国会议员小杰克森"的定语并不是很长,但改成普通话却须拆分成两个小句:前国会议员小杰克森在 20 日承认其挪用竞选经费的事实后,政治前途也随之告终。之前他一直顶着"杰克森牧师之子"的光环。

　　石定栩、朱志瑜(2000)提到,形式句法里所谓的"右向分枝"(right-branching)就是针对英语的后置超长定语而言的。相比之下,汉语的定语位置比较固定,只能出现在被修饰成分的前面,也就是所谓的"左向分枝"(left-branching)。这种位置上的差异造成英语的定语可以很长,而转换成汉语时必须加助词"的",并放在被修饰名词前,或者拆分成几个分句。洛杉矶华报上超长定语的频频出现,一方面反映了欧化句式和当地华语的相容程度较高,另一方面也反映了当地华人对欧化句式的接受、容忍甚至喜爱的态度。

3.4.2　硬译

　　硬译和欧化有直接关系,这一点有学者已做过探讨(如郭鸿杰 2007)。洛杉矶华报上有很多句子明显是从英语硬译而来,不符合汉语的表达习惯。比如"检察官稍早在法庭上说""去年稍早""20 日晚些时候"等。通过仿译或硬译而把英语的结构形式引入汉语是欧化的方式之一,它从一个侧面反映了文章作者的英文能力强于汉语,或者说,汉语不是其母语或第一语言。比如:

(53)将花费一年时间抵达夏普山。(《NASA 核动力火星车将搜索火星生命的痕迹》,《国际日报》2012 - 7 - 24)

(54)28 日即将亮相的夜市场地是原先 4 月举行时的 6 倍。(《626 夜市》,《世界日报》2012 - 7 - 25)

(55)职业运动界太过于由金钱促动,它不再能使人获得更丰富的经验,

而是把人降格为商品。(《国际日报》2012－7－16)

(56)全国女权运动分子因她在过去四年的表现,和对她未来作用的期待
　　上陷入分裂。(《米雪儿做首席母亲女权分子不满》,《世界日报》
　　2013－1－19)

换个角度思考,这些例子可以说展现了原汁原味的异质文化及语言特色,
凸显了洛杉矶华语书面语和普通话的不同。这种在双语人头脑中经常发生的
语言迁移现象,是一种无意识的潜移默化,久而久之会变成双语社团的普遍、
无标记现象,进而成为"规律",变成所谓的"典型变异"。换句话说,某些表达
形式可能通过频繁使用而"同化"为"己有",成为当地华语的特色。

3.5　韵律

简单地说,"韵律"是指音量、音势、声调等超音质音位现象。韵律对于特
定语言本质特征的决定作用,丝毫不亚于音位。冯胜利(2000)在谈到韵律与
句法的关系时,认为"句法不能独立于语音之外",为了论证这一命题,他总共
列出了六个原因:(1)韵律可以破坏句法,即打乱原有的成分结构;(2)韵律可
以征服句法,使非法变成合法;(3)韵律可以制约句法,使合法变成非法;(4)
韵律可以"硬用"句法,在句法不能运作的禁区,迫使句法发生效力;(5)韵律
可以改变句法,或使原来的词序发生位置上的变化,或使原来的句法成分发生
性质上的演变;(6)韵律可以引进句法,激发语言增加新的句法形式。从这些
论述我们可以看出韵律在句法中的重要性。很多情况下,"不合韵律"其实就
是"不合语法"。洛杉矶华报中这种不合韵律的现象很多,也许是由于远离标
准普通话而产生的偏离,也许是语言接触所引起的语言迁移。下面,我们从一
些例子来展开分析:

(57)消防员到场将被困险死女司机救出送院。(《屋内垃圾堆如海　香
　　港老太险遭活埋》,《星岛日报》2013－5－24)

(58)……更是不断立奇功。(《洛杉矶车牌照识别系统屡建奇功》,《国
　　际日报》2013－4－22)

(59)香港小姐5号张名雅,博到尽也只能屈居季军。(《邓佩仪摘冠张名
　　雅得季军》,《星岛日报》2013－2－23)

(60)有人将尸体抛落海,以为神不知鬼不觉。(《港断臂女尸身份确认》,

《星岛日报》2013－2－25)

这些句子有一个共同的特点:读起来佶屈聱牙,不像普通话。究其原因,是节奏感出了问题。每种语言本身都是一种集体的表达艺术。其中隐藏着一些审美因素——语音的、节奏的、象征的、形态的——是不能和任何别的语言所共有的。其中,语音和节奏方面的审美因素和我们所谈的韵律最为相关。不可否认,每种语言都有其特定的音韵美和节奏感,汉语也不例外。以上这些句子之所以不够标准,就是因为它们打破了汉语特有的韵律限制。我们尝试对上述例句进行节奏划分,可以看到:

(57')消防员/到场/将/被困/险死/女司机/救出/送院。

(58')……更是/不断/立/奇功。

(59')香港/小姐/5号/张名雅/,博/到/尽/也/只能/屈居/季军。

(60')有人/将/尸体/抛落海/,以为/神不知/鬼不觉。

例(57)的错误在于几个双音节词太近,没有形成单、双音节的最佳搭配,破坏了汉语特有的节奏感和音乐性。例(59)也犯了同样的错误,其节奏模式为1/1/1/1/1+1/1+1/1+1,即四个单音节音步和三个双音节音步相邻,单调无变化,没有形成单、双音节错落有致的排列格局,不能体现节奏美。例(60)的错误在于三音节结构"抛落海"的出现过于突兀。我们知道,三音节在语流中,有时是一个音步,有时是两个音步,要看语义而定。三音节,不管是1+2还是2+1的模式,都缺乏稳定性,很少有单独出现的情形,多数情况是相对出现,形成对偶或排比的格式(丁金国2011)。如:"天苍苍,野茫茫,风吹草低见牛羊。"而例(60)中的"抛落海"单独出现,没有与之搭配的另一个三音节来保持节奏上的平衡,不像后半句的"神不知/鬼不觉"那样读起来流畅而又朗朗上口。

洛杉矶华报中这种不合韵律的句子随处可见,以下是更多这方面的例子:

(61)73岁患癌和中风老翁疑遭纱布封堵呼吸用的人工造口不治,死因庭继续聆讯。(《遗孀庭上诉"医疗谋杀"护士不知病翁靠造口呼吸》,

《星岛日报》2013－1－26)

(62)加狂汉连环斩人7伤(《星岛日报》2013－2－2)

(63)其工程施行方式相当可能导致有人受伤或财产损毁。(《马头围塌

楼惨剧装修东主罪成》,《国际日报》2013－2－20)

(64)华语地区票房佳,李安再度谢谢华人观众的热情、投入和思索。
(《国际日报》2013－2－26)

这些韵律方面的问题,是否为受英语、台湾"国语"和香港粤语的影响所致,还有待进一步考证。但目前可以肯定的是:英语音节构成和汉语音节构成的不同会影响双语人的语言节奏感。台湾"国语"和普通话在韵律组型上存在较大差异。如前者比后者有更明显的轻重音与缩短/延长组型;普通话倒数第三音节最短,而台湾"国语"则有最后音节拉长的倾向等(郑秋豫等2008)。洛杉矶华语由于远离中国大陆,对普通话的使用和变化浑然不知,特别是华人二代和三代对中文的掌握程度远不如英语,再加上复杂的方言背景,造句时难免会犯这样那样的错误。只是不同语言间韵律层面的干扰是隐性的,不像词汇和语音层的迁移那样明显,容易被发现。但可以肯定,双语人头脑中 A、B 两种语言的互相影响包括韵律因素,因为韵律是所谓"语感"中很重要的一部分,它在语言迁移中体现的问题不容忽视。

3.6　结语

随着洛杉矶华人社区人口、社会、经济和文化的发展,华文媒体尤其是华报,已发展成为一种新型的华裔工商企业,起到了服务社区的重要作用。(周敏、蔡国萱2002)。各华报的悠久历史,巨大发行量和广泛的覆盖面,似已促成一种富有地方语言文化特色的"洛杉矶华语"。根据我们对华文报纸语言特色的研究,其语法方面的变异主要表现在语序、虚词、韵律、某些特殊的句法格式以及欧化风格上。

虚词方面,"并""及""更"的用法明显和普通话不同。"并"在连接分句时,后一分句的主语可以不省略。而且,"并"还可连接主语不同的两个分句。"及"可连接谓词性成分,表示递进或承接,所连接的部分中间还可用逗号隔开。"更"的语法化程度比普通话更深,已发展出类似连词的语法特性。

语序方面,受港式中文和台湾"国语"的影响,洛杉矶华报有将定语、状语和补语后置的倾向。另外,复合句中主、从句的语序也和普通话不同。受英语影响,从句后置现象比较明显。

　　某些特殊的句法格式,包括被动句、双宾语句、强调句、比较句等,都和普通话有明显差异。首先,被动标记不同。洛杉矶华报多用"遭""挨"而不是"被"。其次,被动句的使用频率不同。和普通话相比,洛杉矶华报更频繁地使用被动句。另外,被动句句法结构不同。洛杉矶华报被动句的动词后常有其他成分出现,表现为"遭 VN 式"和"遭 VC 式"。强调句方面,洛杉矶华报经常省去句尾的"的",把表将来义的强调句式自由运用到各种情况下。双宾语句中直接宾语和间接宾语的语序和英语一致,为 V+ DO+ to+ IO。用"把"字句时,经常省略介词"给"。比较句的句式标记常用"较"而不是"比"。

　　欧化特征方面,洛杉矶华报中有大量超长定语和英语句子的"硬译"。这可能反映了语言接触的初级阶段,所谓"别扭"的表达法会逐渐被大众所接受,就像临时的语码转换逐渐固化成借词一样。

　　韵律方面,语言接触中韵律层的影响是隐性的,不像词汇和语法层那样明显。汉、英语及汉语内部不同方言间节奏群的音步容量不同,音节时长不同,造成音段成分和韵律构架不同。这是洛杉矶华报中出现韵律问题的主要原因。也就是,长期的语言接触使洛杉矶华人的语言节奏感产生了变异。

　　总体看来,洛杉矶华报中的语法变异现象不仅有英语,也有港式中文和台湾"国语"的影子,这和当地的移民历史及社会文化有关。从事电视、报纸等媒体行业的港台人很多,港台的因素在当地华语中"沉淀"下来也不足为奇。甚至可以说,洛杉矶华语没有像新加坡华语那样独特的语法特征,其研究重点应该在不同地区影响力的交锋中,具体到某一个语法特征,是哪种势力占优势,其背后的语言、社会、文化动因是什么,是今后的研究重点。

参考文献

邓根芹、陈风 2005　副词"更"的句法语义分析——拷贝型副词研究之三,载《常熟理工学院学报》第 5 期。

刁晏斌 2012　两岸四地的"遭"字句及其与"被"字句的差异,载《语言教学与研究》第 5 期。

丁金国 2011　再论汉语的特质:兼议汉英语韵律的差异,载《烟台大学学报(哲社版)》第 2 期。

冯胜利 2000　汉语韵律句法学引论(上),载《学术界》第 1 期。

傅雨贤 1981 "把"字句与"主谓宾"句的转换及其条件,载《语言教学与研究》第 1 期。

郭鸿杰 2007 现代汉语欧化研究综述,载《西安外国语大学学报》第 1 期。

贺阳 2008a 汉语主从复句的语序变化与印欧语言的影响,载《长江学术》第 4 期。

贺阳 2008b 现代汉语欧化语法现象研究,载《世界汉语教学》第 4 期。

黄家教、詹伯慧 1983 广州方言中的特殊语序现象,载《语言研究》第 2 期。

蒋有经 2006 海峡两岸词汇的差异及其原因,载《集美大学学报(哲学社会科学版)》第 3 期。

李秀林 2002 现代汉语中的"是"字句,载《集宁师专学报》第 3 期。

连巍魏 2010 从路径意向图式看双宾语句的转移特性,载《乐山师范学院学报》第 1 期。

马毛朋 2012 港式中文连词调查报告,载《汉语学报》第 4 期。

彭小川、赵敏 2004 连词"并"用法考察,载《暨南学报(社科版)》第 1 期。

石定栩、邵敬敏、朱志瑜 2006 《港式中文与标准中文的比较》,香港:香港教育图书公司。

石定栩、朱志瑜 2000 英语与香港书面汉语,载《外语教学与研究》第 3 期。

田小琳、马毛朋 2013 港式中文语序问题略论,载《汉语学报》第 1 期。

王力 1989 《汉语语法史》,北京:商务印书馆。

吴翠平 2013 台湾闽南语形容词限比句的趋同变化,载《南亚学报》第 28 期。

邢福义、汪国胜 2012 全球华语语法研究的基本构想,载《云南师范大学学报(哲学社会科学版)》第 6 期。

张双庆、郭必之 2005 香港粤语两种差比句的交替,载《中国语文》第 3 期。

张振兴 2003 现代汉语方言语序问题的考察,载《方言》第 2 期。

赵春利、石定栩 2012 港式中文差比句的类型与特点,载《云南师范大学学报(哲学社会科学版)》第 6 期。

郑秋豫、李岳凌、郑云卿 2008 两岸口语语流韵律比较初探——以音强及音节时程分布为例,载《海峡两岸语言与语言生活研究》,周荐、董琨主编,香港:商务印书馆。

周敏、蔡国萱 2002 美国华文媒体的发展及其对华人社区的影响,载《社会学研究》第 5 期。

周小兵　1993　广东省首次汉语水平考试报告分析,载《中山大学学报》第
　　4 期。

周志平　2007　港式中文里的副词"更"——兼谈"又",北京语言大学硕士学
　　位论文。

朱斌、伍依兰　2010　说"句序"研究,载《社会科学论坛》第 6 期。

祝晓宏　2014　海外华语语法研究:现状、问题及前瞻,载《集美大学学报(哲学
　　社会科学版)》第 1 期。

第四章　美国华语"景观语法学"初探

4.1　引言

　　本章旨在结合美国华语①语料资源建设的需要,通过具体图像资料的收集和分析来探讨美国华语研究的方法问题,并尝试提出"景观语法学"的概念。

　　语言研究方法和路向的选择,在很大程度上取决于我们所面对的研究材料的特点。当代美国华语区别于中国国内标准语和世界其他地方海外华语的变异特点,主要体现为两大互动:华语内部各路移民方言的互动,以及华语和英语等外语的互动。其研究方法和路向当然应以展现和发掘此特点为中心。

　　前人虽已有些尝试,但多偏重于语言外事实,包括政治、经济、社会、文化等,较少关注语言本体问题。无论是在华语现象和材料的收集上还是在理论分析上,对于有关互动内容缺少从语言本体角度的充分关注,对于真正的、鲜活的区别于世界其他地方的美国本土华语特色挖掘不够。

　　这与我们的研究手段不足有关。特别是由于缺少语料库资源的建立和使用,我们对于美国华语的总体事实便无法准确把握,更无法进行基于充分语言事实的踏实、深入的理论分析。而要改变这一现状,关键就是应逐步建立反映美国华语状况、适合研究需要的各类语料库。本课题学者的研究也集中体现了这方面的尝试和进展。

　　我们认为,在各类语料库中,有一类语料库的建设,虽然耗时耗力但尤为

---

　　①　文中"华语"概念,专指海外汉语或中文,包括口头和书面形式。在强调书面形式时,主要使用"中文"一词。

重要。这就是基于日常华语生活的语言景观语料库。下面我们首先要简单介绍一下来自国外的"语言学景观"的概念,然后再结合美国华语研究的实例来说明美国华语中的语言景观现象及研究方向。

4.2　从"语言学景观"到
"景观语言学""景观语法学"

语言景观,也称"语言学景观"(Linguistic Landscape)。作为学术研究,它来自于 20 世纪 90 年代的西方社会语言学或人类语言学的一个分支,其主要研究对象为公共场所及商业地段的文字视觉材料。Calvet(1990,1994)对于法国城市巴黎和萨内加尔的研究,Spolsky & Cooper(1991)对以色列耶路撒冷的研究等,可为代表。Landry & Bourhis(1997)正式提出"语言学景观"的概念。之后,这方面研究发展迅速。

一方面,研究地域更为广泛,如 Itagi & Singh(2002)对于印度、Reh(2004)对于乌干达、Born(2004)对于巴西、Backhaus(2006)对于日本语言景观的研究等。另一方面,理论和研究方法的探讨愈加深入,如 Backhaus(2007)、Shohamy & Gorter(2009)、Blommaert(2012)、Blommaert & Maly(2014)等。特别是,2006年,《多语言主义国际学刊》(*International Journal of Multilingualism*)出了关于语言景观的专辑。2015 年,John Benjamins 出了《语言学景观:一个国际专刊》(*Linguistic Landscapes: An International Journal*),是专论语言景观的学术期刊。专辑和专刊的出现,不仅说明了研究成果的丰富,也更进一步促进了研究的深入。

值得一提的是,研究者对于中文、中国语言景观的关注也逐渐增强。除了零散的讨论外,如 Blommaert(2012)涉及的比利时安特卫普、伦敦中国城中文景观,专论性质的研究有 Lou(2007,2010,2012)和 Leeman & Modan(2009)对美国中国城语言景观的研究,田飞洋、张维佳(2014)对于北京市交通路牌的研究,Bochove(2011)对于北京英语语言景观的研究,Kroon 等(2013)对于国际化背景下都市中文语言景观的研究。自 2012 年起,北京市语委支持的"北京语言文化资源信息库"专项研究,对北京市语言景观信息的收集也有关注,如项目包括的北京皇家园林庙宇和名人故居楹联牌匾资源信息库、北京地名文化资源信息库、北京语言文化图典资源信息库、北京外语使用情况信息库等。

　　显然,目前的语言学景观研究,总体侧重于社会、文化因素,对于语言本体或语言使用相关的语言学事实缺少研究的旨趣,因此也就更谈不上从这一角度出发的对语料的充分收集。本研究作为尝试,希望能抛砖引玉,促进侧重于语言本体的语言学景观的描写和研究,以服务语言教学和研究。为了区别,这一路向,或可称作"景观语言学"(英文称 Landscape Linguistics 或 Landscapic Linguistics)。根据研究者关注的语言本体结构层面的不同,还可有"景观语法学""景观词汇学""景观语音学""景观字形学"等不同的分支。本研究将主要考察洛杉矶及其附近地区的华语景观,突出了景观语法学的内容,包括词法、句法和为广义语法或文法所涵盖的标点法。该地区为美国华人主要聚居区,其华语景观现状,不同于亚洲华人社区的情况。这种社区由于语言接触的密集性和语言使用者背景的复杂性而为研究提供了新材料。我们希望此研究可以为类似的海外华语研究提供一个有益的借鉴。

4.3　当代华语生活景观实例

　　这一部分我们首先描述当代洛杉矶华人社区一些值得注意的语言景观现象。历史部分放在下一节考察。

4.3.1　反映不同华语变体互动的图片

4.3.1.1　"二"字的用法

我们在蒙特利尔公园市看到了这样一张告示牌:

图 1

　　其中的"二"字,显然不同于普通话标准语的用法。"二小时",按照普通话应该是"两小时"。

4.3.1.2　南方方言词:"什工"

　　"什工"显然不是汉语标准语的词汇,它见于蒙特利尔公园市一家叫作"香港茶餐厅"的橱窗上。

图 2

　　它指的就是餐厅服务员,或杂工、伙计,常见于中国南方地区的餐饮业,反映了南方汉语方言特色。

4.3.2　反映英语对华语影响的图片

4.3.2.1　新词:"足科"

在蒙特利尔公园市的一家医疗中心,我们拍到了这张照片:

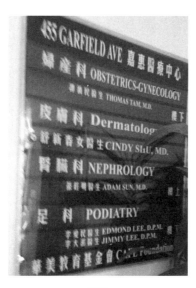

图 3

其中,"足科"一词对应于英文 podiatry。国内也有翻译成"足踝医学"的。根据北京天坛普华医院足踝外科主任胡宝彦的说法,"足踝医学(podiatry)在国内来讲是一个比较新鲜的名词,但是,在欧美一些发达国家已有相当久的历史,……[国内]直到 2002 年才成立了中华医学会骨科学会足踝外科分会。全国范围内也仅有几家医院设立了足踝外科"。[①]

这反映了英语对于华语的影响。

[①]　即使在美国,不同的州认定足科医师"负责"的范围也不太一样,像在佐治亚州,髋部以下都可由足科医师处理,但加州足科医师只负责脚踝以下的问题(膝盖痛症就不属于足科)。(参见《世界日报》2015 年 8 月 31 日,《脚跟痛是足科最常见的问题》)

4.3.2.2　词语搭配:"家庭和菜,家庭晚饭"

图 4

这也反映了英语对于华语的影响,属典型的直译。

这里,"和菜"的译法,也有明显的南方方言背景①,大致相当于中国北方的"烩菜"②。但是,这样翻译显然也有不准确的地方。因为英文的 combo 并非汉语的什锦菜,而是不同的菜(食物),在价钱上搭配着一起卖,并非不同菜混在或拼在一个盘子里作为一道菜。所以,严格来说这只是一种不准确翻译,但却满足了华语社区临时称述之便。

4.3.2.3　英文标点用于汉语行文

标点(punctuation)也属于广义文法的一部分。在华人较多的社区,常可看到中英文标点杂用的现象,如图5:

---

① 江苏南通汉族小吃,节日食俗之一,是一种什锦菜。南通人过端午节,除了吃粽子、浆糟(酒酿)、烤大蒜头,等等,午餐中也有一些节日特色菜。在南通人的餐桌上往往有一碗五色杂陈的菜肴,叫作"和菜"("和"方言谐音"贺")。

② 烩菜,大多为许多原料一起炖、煮制而成,分为河南烩菜、东北乱炖、博山烩菜等各种做法。上等的称"海烩菜",配有海味,中等的称"上烩菜",一般的称"行烩菜"。

图 5

　　图 5 中,句子整体用语生硬,虽然每个词都是汉语词,但连起来的句子却像是英文的文法。就标点符号来看,其中的句号,显然使用的是英文的句号或句点。

4.3.2.4　语序问题

以下是我们在西来寺拍到的两幅照片:

图 6

图 7

　　旗幡上的"走路注意台阶",在台阶上则写作"注意走路台阶"。语序显得非常灵活。后者可能受到了英文 watch your step 语序的干扰。

4.4　历史上的华语生活景观资料

　　美国华语还有一些珍贵的历史图片资料,值得研究。

　　我们在华盛顿美国国家档案馆(Archives of the U. S. A.)见到有关早期抵美华工的两幅照片。一幅是 1909 年的一份中华会馆传单:

中華會館傳單

啟者現在碼頭木屋遷往煙治埃

俞種種行為不勝苛虐昨各梓裏

齊集中華會館籌商對待徑即傳

電省港止截各客甯由別港來美

勿由大埠其已經到來之客該證

人亦勿赴審務期萬眾一心以爭

回平等之權利凡我梓裏慎毋自

顧私謀破壞團體以取罪戾可也

此佈

宣統元年十二月廿五日　中華眾

梓裏同啟

图 8

　　另一幅是 1911 年自香港乘船抵达旧金山华工的一张登记卡,上面有花旗公司的相关启示:

H. K. 11. 8. 10

List No. _____　　Ticket No. _____

Name. _____　Age. 21

Per S. S. _____　　Voy. 39 Sail. H. K. 9/6/11

Destination: San Francisco, Cal.

（此处贴有某年轻华人的黑白照片）

煩先映正面
軟相一張貼
在右便驗眼
之日請攜此
紙到本本公司
辦房處以便
花旗醫生驗
眼用但凡往
墨西哥國者
祈映多正面
三寸軟相一張得來貼在
右便處
花旗公司謹啟

图 9

由于档案馆禁止拍照，两幅照片仅能复记、引述。

就其行文形式看，除使用繁体字外，书写方向从右向左、从上到下，且无任何标点，体现了早期（清代）的美国华语书面语的特色。

就内容来看，用词文言味道十足，但里头也掺杂着一些口语词，反映了当时粤语白话的特色和英语的影响。前者所提"码头木屋"，指的是十九世纪初美移民检查站设在三藩市（"旧金山"旧称）海边的太平洋邮船码头天使岛（Angel Island）附近，主要用于检查和扣留中国及其他亚洲移民的暗无天日的木屋。"烟治埃仑"①，也作"烟租埃伦"，也即臭名昭著的天使岛。早期不懂英文的华人，寻音记字也有简称"埃仑"②的。

后者行文中，把拍照片说成"映……软相"。其中，软相，应该来自英文 soft negative 的对译，也可只译作"软底片""软片"，或称为菲林、胶卷、底片等。"墨西哥国"作为对墨西哥的称呼，有早期味道，现在华人一般只说"墨西哥"。"此纸"，现在一般说"此证"。"右便"，应即"右边"，体现了早期的写

---

① 《木屋拘囚序》前所附"记者志"说道："此稿由被囚烟租埃伦（Angel Island）木屋中人寄来。亟照原稿登录，以供众览。"（http://www.literature.org.cn/Article.aspx?ID=44643）

② 早期移民所作《木屋囚禁序》（载 1910 年 3 月 16 日旧金山华文报纸《世界日报》）有云："船泊码头，转拨埃仑之孤岛。离埠十里，托足孤峰。三层木屋，坚如万里长城；几度监牢，长启北门锁钥。同胞数百，难期漏网之鱼；黄种半千，恍若蜜罗之雀。"（http://www.literature.org.cn/Article.aspx?ID=44643）

法。"办房"也应是一个旧词。根据《汉典》,"办房"旧时是指在轮船、旅馆等处干杂务的服务人员。[1]"办房处",是 office 的对译,或是指公司处理杂事的办公室。

这些材料,可与其他早期华人移民留下的宝贵语文材料(如《木屋拘囚序》[2]等)相互参证,如能认真挖掘和收集,对于追溯美国华语发展源流、文法风格变异、方言特色、英语影响等都有着重要的参考价值。

4.5　结语:关于美国华语生活"景观语料库"及"景观语言学"的设想

以上我们通过具体实例(主要为语法方面,包括词法、句法和为广义语法或文法所涵盖的标点法),展示了语言生活景观资料对于美国华语语法研究的意义和作用。它们生动地反映了美国华语语法的现状和历史,是海外华语语法研究的宝贵资源。

我们认为,这些材料如能逐步收集并充分利用,当能很好地辅助美国华语的研究。特别是,如能进一步完善材料收集的数量和质量,逐步建立起面向语言学研究的美国华语生活"景观语料库",并以此为基础展开"景观语言学"(包括景观语法学、景观词汇学等分支)的研究,无论对于海外华语语法研究还是对于语言景观研究(Bochove 2011;田飞洋、张维佳 2014;尚国文、赵守辉 2014)都有一定新意。

4.5.1　关于建立美国华语生活"景观语料库"的设想

美国华人众多,是海外华人的主要聚集地。美国的华语生活景观,丰富多样。建立华语生活景观语料库,旨在按照一定程序和规范科学、全面地收集和整理美华语生活的图像资料。

为了准确、忠实地记录美国华语的实际,这一语料库可在以下几方面进一步完善:

---

① 《廿载繁华梦》第一回:"那汽船的办房,是傅成向来认得的,就托他找一间房子,匿在那里。"(http://www.zdic.net/c/e/f6/257014.htm)

② 《木屋囚禁序》全文可参见 https://finecha.files.wordpress.com/2013/12/wooden.pdf。

1. 语言景观的时空坐标可以更为详细。时间方面,图像资料可以显示出具体的拍摄日期,甚至具体钟点。空间方面,可以显示出具体的街道位置、街牌号码。

2. 拍摄的内容,不限于街道路牌、标识牌。所有涉及语言事实的景观,不论在什么位置,都可以成为拍摄内容。

3. 为了尽量全面地获取信息,不仅可以照相,也可录像(包括录音)。照片取景应对其周围关联景观也一同取像,以便充分展现相关、相邻事实。对于一个语言景观的取像,可有前景/背景、近景/中景/远景的区分,对场景中的相关因素进行尽量充分的描写。比如,上文中香港云吞面世家的"家庭和菜,家庭晚饭"的照片,如把镜头再放远些,就可见到此店附近的"晓街发廊"。其"年长者剪发 $5"的广告说明发廊经营者可能也与香港云吞面世家一样有香港的背景,因为"年长者"或"长者"是一个对老人避免"老"字的婉称(犹如英语的 senior citizens 或 seniors),今主要见于香港地区。①

图 10

4. 景观的拍摄和采集,应遵循三点:日常、连续、及时。特别是随着建筑物的改造、拆除,语言景观常常变动。所以,研究者需要有对语言资源的抢救意识,及时地记录语言景观的状况,并长期坚持,才能有望建立反映历史轨迹的资料库。

---

①　新加坡华语也使用,但不及"乐龄"常用。(汪惠迪 2002)

4.5.2 关于"景观语言学"的设想

"景观语言学",顾名思义,是基于或借助语言景观图像资料而进行的语言学研究。

景观语言学,相对于以往研究而言,更加突出了语言研究对于语用情景因素①的关注。以往研究,从基于文献资料的书面语法研究到后来基于口头语料的口语语法研究,已体现出研究者对于语言具体使用场景的重视和关注。由于研究工具和手段的改良,特别是随音像录制工具和手段的改良,语料中含有越来越多的语用场景信息,但依然不够充分,语言现象和语用背景的关系无法得到形象、充分的体现。景观语言学(包括语法、词汇、语音、字形等不同研究层面),有望补充这一不足,通过充分的图景展示,生动、形象、有趣地体现具体语言现象出现的语用条件和动因,动态、微观地揭示语言在语用中发展和变异的过程。

一方面,景观语言学有利于全面揭示美国华语变异的多语言系统互动、多结构层面关联的背景。我们知道,美国华语研究的重点,在于研究它相对于国内汉语(尤其是标准语)以及其他海外华语的特殊变异。这种变异,常常不仅体现出英、汉、方(汉语方言)等多个系统的特点,也体现出语法、语音、字形等多结构层面的特点。有了充分的图景展示,研究者对于美国华语多系统、多层面的变异的分析可以更为全面,对于其关联的背景可以有更为准确的判断。比如,图 11 是一家日用品商店贴出的卖袜子的广告:

图 11

---

① Hymes(1974)把这些因素概括为 8 大类 16 小类。

其希望表达的内容,大致是"纯棉短袜,每扎 1 元"。其中,"Socks/扎"的说法,有英汉的杂糅,也有一定汉语方言特色("扎"字在标准语里似更多用"捆")。同时,在字形上,也可看到繁简系统的互动,"纯棉"的"纯"字使用了繁体,"袜"字用了简体但右边却写成了"未"。

另一方面,景观语言学,也有利于找到语言本体的研究和社会语言学的恰当结合点①,挖掘语言现象背后复杂的语用情景和社会背景因素。在景观语言学的研究过程中,不仅可以照相,也可以录像。我们可通过展示说话者生活、工作的具体场景来分析美国华语一些特殊的语言现象。比如,笔者有一位朋友,经常说的一句话是"没所谓"或"没有所谓",相当于普通话的"无所谓"。据笔者了解,这样说的人一般有粤语背景,是粤语背景的人在学习普通话时常见的错误。因为粤语"无"常可对应普通话的"没",如"无问题"普通话说"没问题",所以"无所谓"也就类推说成了"没所谓"。② 但问题是:笔者这位朋友从中国河南直接来美,从未去过粤语地区,又何以有如此错误呢? 笔者发现,这跟她的工作环境有关。她来美二十多年,一直供职于一家广东、香港同事为主的旅行社,语言习惯也受到了粤语的影响。这一事实,显然,也可通过对其日常工作场景的录像得到清楚的展示。

参考文献

尚国文、赵守辉 2014　语言景观研究的视角、理论与方法,载《外语教学与研究》第 2 期。

田飞洋、张维佳 2014　全球化社会语言学:语言景观研究的新理论——以北京市学院路双语公示语为例,载《语言文字应用》第 2 期。

汪惠迪 2002　新加坡华语特有词语探微,载《新加坡华语词汇与语法》,周清海编,新加坡:玲子传媒私人有限公司。

Backhaus, P. 2006 Multilingualism in Tokyo: A look into the linguistic landscape. *International Journal of Multilingualism* 3.1: 52‒66.

---

① 目前,社会语言学对语言景观也已多有关注,但有偏重社会因素而偏离语言本体研究的倾向。(Bochove 2011;Kroon *et al.* 2013)

② 据 http://www.beijingputonghua.com/learning/jyzt/jyzt030418b.htm。

Backhaus, P. 2007 *Linguistic Landscapes: A Comparative Study of Urban Multilingualism in Tokyo*. Clevedon: Multilingual Matters.

Blommaert, J. 2012 Chronicles of complexity: Ethnography, superdiversity and linguistic landscapes. *Tilburg Papers in Culture Studies* 29: 1 – 149.

Blommaert, J. and Maly, I. 2014 Ethnographic linguistic landscape analysis and social change: A case study. *Working Papers in Urban Language & Literacies*, Paper 133.

Bochove, L. 2011 Sightseeing English in Beijing: An ethnographic study of Chinese-English public order notices in the linguistic landscape of Beijing, MA thesis, University Tilburg.

Born, J. 2004 Zurück in die Folklore oder vorwärts als Werbeträger? Deutsch und Italienisch im öffentlichen Leben Südbrasiliens. In J. Darquennes, P. Nelde and P. J. Weber, eds. , *The Future Has Already Begun* (*Plurilingua* 25). St. Augustin: Asgard.

Calvet, L. -J. 1990 Des mots sur les murs: Une comparaison entre Paris et Dakar. In R. Chaudenson, ed. , *Des langues et des villes* (*Actes du colloque international à Dakar, du 15 au 17 décembre 1990*), 73 – 83. Paris: Agence de coopération culturelle et technique.

Calvet, L. -J. 1994 *Les voix de la ville: Introduction à la sociolinguistique urbaine*. Paris: Payot et Rivages.

Hymes, D. 1974 *Foundations in Sociolinguistics: An Ethnographic Approach*. Philadelphia: University of Pennsylvania Press.

Itagi, N. H. and Singh, S. K. 2002 Linguistic landscaping in India with particular reference to the new states. In *Proceedings of a Seminar*. Mysore: Central Institute of Indian Languages and Mahatma Ganhi International Hindi University.

Kroon, J. W. M. , Blommaert, J. M. E. and Dong, J. 2013 Chinese and globalization. In J. Duarte and I. Gogolin, eds. , *Linguistic Superdiversity in Urban Areas: Research Approaches*, 275 – 296. Amsterdam: John Benjamins Publishing Company.

Landry, R. and Bourhis, R. Y. 1997 Linguistic landscape and ethnolinguistic vitality:

An empirical study. *Journal of Language and Social Psychology* 16. 1: 23 - 49.

Leeman, J. and Modan, G. 2009 Commodified Language in Chinatown: A Contextualized Approach to Linguistic Landscape. *Journal of Sociolinguistics* 13. 3: 332 - 362.

Lou, J. J. 2007 Revitalizing Chinatown into a heterotopia: A geosemiotic analysis of shop signs in Washington, DC's Chinatown. *Space and Culture* 10. 2: 145 - 169.

Lou, J. J. 2010 Chinese on the side: The marginalization of Chinese in the linguistic and social landscapes of Chinatown in Washington, D. C. In E. G. Shohamy, E. B. Rafael and M. Barni, eds., *Linguistic Landscape in the City*, 96 - 114. Bristol: Multilingual Matters.

Lou, J. J. 2012 Chinatown in Washington, D. C.: The bilingual landscape. *World Englishes* 31. 1: 34 - 47.

Reh, M. 2004 Multilingual writing: A reader-oriented typology—With examples from Lira Municipality (Uganda). *International Journal of the Sociology of Language* 170: 1 - 41.

Shohamy, E. and Gorter, D. 2009 *Linguistic Landscape: Expanding the Scenery*. New York and London: Routledge.

Spolsky, B. and Cooper, R. 1991 *The Languages of Jerusalem*. Oxford: Oxford University Press.

第五章　美国华裔家庭日常口语与文化传承模式（上）：跨文化沟通下的和谐与冲突

5.1 引言

对美国华人社会文化特征的评断、报道常常出现于美国主流媒体和学术研究中。由于美国的多元文化特征，这些评断、报道常常也涉及与其他文化的比较。这里面既有"道听途说"式的个人感想，也有大规模的学术研究，但是一个共同的问题是缺乏对华人日常生活细致而深入的追踪研究。本项研究即为了弥补这个缺陷而展开，而且研究的角度也和常见的人文社会学研究不同：我们从华人日常生活中的语言运用出发，考察华人的语言使用在文化传承中的作用。在语言研究理论上，这种研究方法采用的是语言人类学、会话分析（Sacks *et al.* 1974）、语言社会化（Ochs & Schieffelin 1984），以及功能语言学（Givón 1983,1984）等学派的方法论。具体来说，我们记录、转写华人家庭日常生活用语，关注话语中的语法、词汇选择，谈话中的话轮构建、话题展开模式等话语语言特征，从语言的使用来考察文化模式的构建和传承因素。本研究分上下两篇。上篇（本章）研究层级（hierarchical）结构以及对等（equalitarian）观念如何带来截然不同的两种家庭氛围和相处模式；下篇（第六章）研究华人家庭伦理秩序（ethic ordering）与层级结构，考察在日常生活中负面情感（nega-tive-affect）语言的使用如何得到实现与巩固。需要交代的是，下文（及第六章）会用到一系列成对的术语，包括上层—下层，上位者—下位者，高位—低位，尊者—下层，（社会）成熟者—未成熟者，等等，大致代表成人—儿童、社会地位高与社会地位低的社会或家庭成员的一般区别，具体内涵我们无法在此做详细的研究和描述。

由于研究材料是自然口语，本研究的语料转写方式沿用 Gail Jefferson 等学者（Sacks *et al.* 1974；Schegloff 2014）所研发的格式及标号（见表1），以忠实呈现对话互动的情境。每一对话轮都按时间顺序标示阿拉伯数字,且每一对话轮中的话语内容都有相对应的汉字或英文拼写(华裔家庭中的中、英转码现象也予以完整保留)。除了转写对话内容外,其余与对话情境的分析有重要关系的三元时空现象,笔者亦提供客观描写或主观评论。

表 1:对话转写辅助符号(参看 Schegloff 2014)

.	声调下降	° °	音量微弱,音调柔和
?	声调上扬	↑↓	语调明显上扬下降
,	持续声调	hhh	呼气声
=	语段之间无缝接轨	(hh)	字中呼气声
(.)	微秒停顿	˙hhh	吸气声
(0.5)	停顿秒数	(( ))	转写者个人评论描述
[ ]	话语交叠	( )	转写者不确定转写
–	话语中断	><	语段急促产出
::	语音拉长	<>	徐缓发言
<u>word</u>	音量加大或语调提高等形式的加重音	<	话语突然急速产出
→	重点关注现象(1)	→→	重点关注现象(2)

耶鲁大学华裔教授蔡美儿(Amy Chua)《虎妈的战歌》一书于 2011 年 1 月在美国出版后,她在女儿身上所采用的表面上看来残酷的传统华人父母教育方式在美国网络及媒体间引起热烈的讨论。且不论其教育方式对与否,也不深究何种教育方式是正确的,仅就该书受到美国舆论界大力挞伐的程度来看,我们对于蔡美儿母女间家庭"战争"的激烈状况,或许也能推知一二。无独有

偶,蔡美儿教授在书中所描绘的亲子家庭战争,在其他华裔移民家庭中也不乏报道(Ni 2009;Wu & Chao 2005;Zhou 2006,2009)。而这场亲子战争的导火线,除了代沟因素之外,也常常跟两代之间的文化差异有关(Zhou 2006,2009)。

自幼成长于美国白人文化的世界中,但又与原生家庭中的东方文化无法割断的华裔美国人,许多都因为主流中西文化及价值观上的明显冲突而感到困扰与不适,产生各种身份认同问题(Wong & Xiao 2010:153)。由于父母观念上普遍对群体(Fuligni *et al.* 1999;Ho 1981;Huang 1994;Shon & Ja 1982;Uba 1994)与层级(Chao & Tseng 2002;Fuligni 1998;Hardway & Fuligni 2006;Ho 1996;Zhou 2006,2009)的重视,华裔美国人在自己的裔族团体中常常受族裔文化规范的束缚,需要对长者、尊者以及有权势者做出绝对的服从。然而当他们走出华裔族群,进入美国主流文化以及重视个人主义(Kusserow 2004;Lareau 2002)的社群中,这些华裔孩子则又可享有美国主流社会为公民保障的一切自由。这些华裔儿童在融入美国主流价值的过程中,父母非主流的教育方式很容易被污名化,且被认为是封建的、守旧的、过时的(Zhou 2006:316)。这种根本上的文化差异,产生了某种程度的负面影响,移民父母关于下一代的教育、工作、行为、异性交往、人伦关系等观念,不易得到在美国成长的孩子们的认同(Sung 1987;Zhou 2006)。

虽然当前对于中美文化的研究报告大多认为,华人文化中的阶级层次意识对于华裔儿童及青少年的生活与人格发展只有负面影响,但美国本土的跨族裔移民研究报告反驳了上述观点。Fuligni(1998)是一份针对美国境内拉丁美洲、亚洲、欧洲移民与非移民家庭中成长的美国本土人士所做的量化性研究报告,这个报告指出,不同世代、不同族裔文化背景的美籍人士,即使其对于父母的权威与个人的自由意志有着不一样的观点,他们与父母之间冲突与共融的程度基本上没有太大的区别(ibid.:782)。Fuligni 的报告进一步指出,凡生长于美国境内的族群,无论哪种世代或族裔背景,其年纪越长,对于父母权威的认同度就越低,与父母之间的凝聚力也越低(ibid.:790)。而另一研究华人教育逻辑的文献(Fuligni *et al.* 1999)指出,华人重视团体合群的价值观对于华裔美籍人士并没有所报道的不良影响(ibid.:1040)。相反,有些研究数据显示,华裔青少年在步入美国社会时,不但不会与主流社会所重视的个人主义做妥协性的调整,反而会选择保留其父母原有的价值观,其中的原因就在于,保留这样的价值观对于华裔身份的认同与建构起着重要的作用。(ibid.: 1042—1043)

本文的重点不在于进一步探讨上述各种观点正确与否。有鉴于现今美国本土针对华裔文化的研究都立足于回顾性的访谈、反思或数据统计,没有具体的语言互动例证可供参考,我们将以实际田野调查中所采集到的华裔移民家庭互动的影音材料为论证基础,对华裔家庭内部文化意识的冲突提出自己的观点。

5.2　研究对象的家庭背景

本研究的田野调查语料是笔者 2009 年 10 月至 2010 年 5 月在美国加利福尼亚州洛杉矶地区采集来的。参与本研究的华裔移民家庭有三个,其成员都包含华人移民父母,其子女都有两位(皆一男一女),且均是在美国本土出生、成长的第一代华裔儿童。影音材料的录制以民族志学的方式采样,以亲临现场、镜头跟进的方式记录、重现当时的互动情景。录制的场景除了家庭生活还包含华裔儿童出入的中文学校课堂及休闲活动场所。录像记载内容包括所有的语言与非语言形式的交流方式(Goodwin & Goodwin 2000),以及互动场景中的环境要素。全部的语料约 72 小时。

尽管参与的家庭都是华裔移民,彼此之间也有着相似度极高的家庭成员构成,但其移民背景以及融入美国后的西化程度则有相当程度的差异。表 2 归纳整理了三个参与家庭的异同。

表 2：参与家庭背景简介

	甲家庭	乙家庭	丙家庭
华裔儿童年龄①	强强(8;7—9;1) 佳佳(5;11—6;5)	妮妮(9;2—9;10) 齐齐(5;1—5;8)	蓓蓓(8;5—8;10) 宝宝(5;11—6;3)
移民加州城市	洛杉矶市 (Los Angeles)	钻石吧市 (Diamond Bar)	帕萨迪纳市 (Pasadena)
父母出生地区	大陆东北地区	台湾南部地区	台湾南部地区
父母平均 移民年数②	15	19	32
语料采集时长	37	35③	
汉字/英文 词语出现比例④	1745:81	672:163	287:452
双语交流的中文 出现频率⑤	95.6	80.5	38.8
语言沟通模式	中文主导沟通	中文主导沟通	英文主导沟通

---

① 为保护参与研究计划所有家族成员的个人隐私,儿童名字已经过修改。括号中的数字代表各个儿童在语料采集期间的年龄变化,分号前的数字为已满的年龄,分号后的数字为足岁后的月份。

② 此字段中呈现的数字为每一家庭中父母各自到美国定居或是入籍总年数相加后的平均。

③ 乙、丙家庭中的华裔儿童彼此互为姑舅表兄弟姊妹,两家人与孩子们互相往来频率甚高。在语料采集的过程中,强制将两家分为独立不同的个体实属不易。为此,将归属于这两个家庭的语料总数列于此,但用于论证上的互动范例时,则都只选用直属亲子与兄弟姐妹之间的语料。

④ 此字段中的数据,为3个家庭各自在笔者选定的15分钟小型语料库中,家庭成员分别使用中、英文词语总共的次数统计。

⑤ 此字段中所呈现的数据,为3个家庭分别在15分钟内所产出的中文词语占所有词语(中英文词语皆包含在内)的比例。

5.3　结果与分析

在主流华人社会中,上下二元的社会层级关系(hierarchical relationship)(Chao & Tseng 2002;Fuligni 1998;Hardway & Fuligni 2006;Ho 1996;Zhou 2006,2009)强调效率性与服从的重要性。在这种意识形态下,青少年与生俱来的自尊一般不被重视:孩子们任何有些许欠缺的社会行为总被放大解读,而优良表现却常常不被重视。正在成长中的青少年常常被要求完全遵从权威父母的命令,他们也每每能符合期待,在父母的话语命令发出之后,做出应有的合理(礼)表现。下面在举例中将综述性地说明这种层级社会文化是如何具体反映在中文主导沟通模式的华裔移民家庭亲子互动行为中的。

5.3.1　中文主导沟通模式互动特征:负面情感导向评价话语①

在中文主导的沟通互动模式中,社会规约成熟者(即父母)对于社会规约尚未成熟者(即儿童)所表现出的符合或不符合成人标准的行为所表现出的话语对应方式,可以说是截然不同的。如果说父母对于孩子的赞美是间接且隐晦的(例2),那么对于他们的批评就可以说是直接而公开的(例1、例3)。总的来说,华人父母评价性话语行为的特点可以总结为极力强调儿童不符合社会期待。具体来说有下面几个表现。

5.3.1.1　直接公开的批评指责

第一个例子节录自强强与妈妈(甲家庭)一天晚上的对话。当天晚上,妈妈正检查强强的几何作业。整体作业在正确性方面虽没有问题,但妈妈对于强强手绘几何图形却有几分不满,并为此将正趴在沙发椅上阅读的强强叫了过去。

例1　(甲家庭):乱七八糟

((妈妈检查强强的作业,强强趴在沙发椅上阅读))

01 妈:　　　强强,妈妈(　)觉得你这个作业写得有点儿,

---

① 本系列研究的下篇将针对这一现象做进一步的分析与论说。

02　　　　　　（.）

03 强：　　　（（起身走向妈妈））

04 妈：　　　乱七八糟噢.

05 强：　　　（（不以为然地发声））hmm.

06 妈：→→　你们同学都写成你这么乱七八糟啊,

07 强：　　　yea. 比我的还要（乱七八糟）.

—互动对话轮删减—

08 妈：　　　老师教没教你用格尺.

09　　　　　用 ruler 来画图儿,

10 强：　　　（（摇［头））］

11 妈：　　　　　［没教,］

12 强：　　　没教.

13 妈：　　　唉那好吧.那就这样吧.

14　　　　　（1.8）

（（此后,强强坐到妈妈身旁,听妈妈的教导与演示））

15 妈：　　　妈妈-妈妈跟你说一下哦,

16　　　　　应该用 ruler 来画图.

17　　　　　因为你现在吧（.）你还小.

18　　　　　还没有到那个能用那个笔

19　　　　　自己把那个图画得很直的程度.

20　　　　　妈妈就跟你举个例子.

21　　　　　（（从文件夹中拿出一张纸））比如说画一个 cube.

22 妈：　　　（1.2）（（将文件夹放回））

23 妈：　　　cube 的中文叫正立方体.

24 妈：　　　（1.2）（（将文件夹放回））

25　　　　　画一个 cube 怎么画 uh?

26　　　　　（1.2）（（准备用直尺画直线））

27　　　　　标尺作图还要用圆规的.

28　　　　　（（画直线））这个是已经是最简单的了.

—互动对话轮删减—

29		((向强强展示成品))知道了.这样画叫作 cube.
30		((指向强强所画的正立方体))你瞧瞧你这 cube 画得.
31		(.)
32	妈:	hhhehehehh.hh ((半嘲讽似的笑))
33		这样呢.知道啦,
34		((指向强强所画的另一个圆柱体))这个里边儿是用尺画.
35		就好看了.
36	→	否则的话就稀巴烂.看着>你知道吗.<

强强的注意力被妈妈带到作业上面后,妈妈的"乱七八糟"一词随即脱口而出(例1行04),之后,进一步调侃地质疑同学们是否都一样(例1行06)。虽然强强说明了学校老师尚未对几何绘图展开教学,然而妈妈未放过强强的不足部分。虽说妈妈没有进一步批评强强不恰当的几何绘图方式,但在对强强的不足部分给予指导(例1行15—28)之后,还是免不了用了负面的字眼"稀巴烂"(例1行36)来评论强强没用直尺和圆规画出的几何图形。

5.3.1.2　间接隐晦的表扬

相对于不足之处的公开批评,华人父母对于儿童的优秀表现却有完全不同的话语应对模式。例2节录自强强与妈妈(甲家庭)在另一天晚上的对话。当晚妈妈洗碗的时候,问了强强学校今天西班牙文课是否有随堂小考(例2行01—02)。

例2　(甲家庭):我拿 100 分

((妈妈在厨房洗着碗;强强在客厅享受周五晚间的休闲时光))

01	妈:	强强,你们今天上-上课>的时候<
02		考那个::Spani(sh)了吗,
03	强:	((转身走向妈妈))Yea I got 100 percent,然后老师 surprise
04	→	>因为<.hhh 每次我都没有 fail.
05	妈:	→→ 你每个礼拜都考了.
06		→→ 现在两个月了不到.
07	强:	→ 然后我一次没有 fail 一个.
08	妈:	→→ 全都对.
09	强:	→ (没有)错一个.

10　　→　　对都-都对了每次.

11 妈：→→　　每次对都.

12 强：　　　然后 Zack 错一次.

13 妈：　　　Zack 一共就错一次

14　　　　　也错得不多.

15 强：　　　hm 错了一个错了一个.

16 妈：　　　啊.

17　　　　　(.)

18 妈：→→　　你 Zack 小脑袋也相当好使的.

　　妈妈的问题虽然让强强有机会进一步阐述自己在校优异外语能力的表现（例2行03—04；行07；行09—10），但妈妈并没有因此对强强加以赞扬，反而仅是淡淡地说些无关紧要的附和性话语（例2行05—06；行08；行11）。妈妈对于强强的表扬，若真说有，也仅能间接地从妈妈对于强强同学非完美表现的肯定而做出推断（例2行18）。

　　上述两种截然不同的评价模式，在一定程度上反映了层级社会（Chao & Tseng 2002；Fuligni 1998；Hardway & Fuligni 2006；Ho 1996；Zhou 2006，2009）与耻感文化（shame-socialized culture，Schoenhals 1993：192）中社会秩序与行为组织建构的机制。进一步说，笔者以为社会层级的建立方式之一，是通过确立上下两者之间认知论（epistemic）层面上的差异来实现的。高阶层社会成员之所以身处社会高阶，是因为其展现出的知识与能力优于低阶层的社会成员。诚如例2所呈现的，强调下位者知识能力上的不足，弱化下位者的优异之处，可以说是上位者建构其高位阶的语言体现。另外，在这种层级社会中所重视的耻感道德，要求上位者对下位者负有应尽的责任和义务。为了让下位者免去被社会外界批评而造成的羞耻，上位者需对下位者在知识、能力上的不足做出防范性的批评，而其批评无论以何种形式呈现，都将视为理所当然。为了让下位者摆脱社会的耻感评价，上位者也应肩负起指导的责任，得成功地让下位者进一步社会化并得以发展。倘若下位者已经有了称职的表现，由于表现的优异已经通过外界社会的审度免去了羞耻评价，上位者则无须再有应负的责任及义务，额外的赞美在这样的道德文化模式中，显然已不被要求。简言之，上位者评价语言上的负面情感导向，反映了华人社会结构与道德观的一贯模式。

从这一视角观察另外一个移民家庭(乙家庭)的亲子互动模式,便容易理解面对勤奋学习的妮妮,妈妈为何仅聚焦于做饭能力的不足,甚至在最后还要求妮妮须向同辈能干者看齐(例3行157—158)。

5.3.1.3　直接公开将孩子与同龄人对比并强调孩子能力上的差异

这一天傍晚,妮妮跟着妈妈在厨房打下手学做菜。当晚的菜品包含了番茄炒蛋、炒白菜和炒高丽菜。以下对话片段节录自妮妮与妈妈在做番茄炒蛋时的互动情境。

例3　(乙家庭):你老是这样说(片段1)

01 妈:　　蛋打一打.

02 妮:　　OK.

03 妈:　　洗手了没有.

04 妮:　　还没有.我先( ).

05　　　　(1.2)((妮妮洗着手))

06　　　　((伸手拿香皂))香皂.

　　—互动对话轮删减—

07 妮:　　((打开餐具抽屉))我要拿筷子.

08　　　　(1.0)

09 妈:　　用叉-叉子啦.fork.

10　　　　(1.0)

11 妈:　　用fork去打.

12 妮:　　(1.5)((手拿叉子走向打蛋碗))

13 妈:　　把它打散.

14 妮:　　look at (.) th(h)i::s. ((妈妈走向妮妮并在旁边看着))

15　　　　(2.5)((妮妮打蛋,妈妈监督))

16 妮:　　see 只是这样子很 easy.

17　　　　你看打上来,

18 妈:　　嗯哼,

19　　　　(.)

20 妈:　　你拿到那边去打. ((伸手指向身后))

21　　　　待会我要切菜.

22   [((妮妮拿起碗并且离开   ]工作台))

23   [>拿到那边. < ((伸手指向身后))去.]

—互动对话轮删减—

24 妈：   打好了没有.

25   好了就好了啦.

26   [不要打那么久.]

27 妮：   [还没有.   ]因为还有 lumps 在里面.

28 妈：   ((指出妮妮错误的打蛋方式并示范))这样子打. =

29 妮：   =I know.

30 妈：→→ 不是这样子一直搅一直搅.

—互动对话轮删减—

((妈妈将一些盐放入妮妮刚打好的蛋液,妮妮将蛋液和盐搅拌均匀))

134 妈：   蛋搅好了没有.

135 妮：   yea:.

136 妈/妮   (13.2)((妮妮将盛有蛋液的碗递给妈妈;妈妈将蛋液倒入
         锅中与番茄一起炒))

137 妮：   oh I see what your making,

138   我记得这个.

139 妈：   uh,

140 妮：   ((妮妮伸手拿锅铲,向右移到妈妈身边))我记得这个. =

141 妮：   =ei 妈妈现在那个 w–那个 water

142   没有出来了.

143   think I– I (will)   [( )]

144 妈：   ((从炉子走向洗碗槽)) [( )]蛋不可以

145   →→ 这样一直炒.

146   (0.2)

147   →→ 要让它(.)变成一块的时候

148   再动它.

149   (0.5)

150 妮：   okay.

151　　　　　(2.2)

152 妈：　　帮我顾着它.

153 妮：　　uh,

154 妈：　　帮我看着.

—互动对话轮删减—

155 妮：　　((看着锅中正要煮熟了的蛋))ei 妈妈你看旁边

156　　　　都已经变好了耶,=

157 妈：　　=歆.下次你要学煮饭.

158　→→　人家 Helen 都会煮饭了.

159 妮：　　YOU ALWAYS SAY THAT. MOMMY,

160 妈：　　uh huh,

由于妮妮对于打蛋技巧及炒蛋时间拿捏得不精准,妈妈为此做了负面的评价(例 3 行 30;行 144—145),也实时教给妮妮做菜的技巧(例 3 行 28;行 147—148)。虽说妮妮当晚积极学习的表现也有可称赞之处,但跟前一位妈妈(甲家庭)对比,妮妮并没有得到妈妈任何正面评价,相反,妮妮却因朋友已具备做菜能力(实际情况如何我们不得而知)而被妈妈数落了一番(例 3 行 157—158)。

如以上 3 例所展现的,部分华裔移民家庭中,依然存在与阶层意识共存的负面情绪导向的话语行为模式。父母对其华裔子女优缺点的回应,有着全然不同的处理方式。这样的话语行为模式,不但表明这种社会文化看重层级的观念,也与重视羞耻心的意识形态有着直接的关系。值得强调的是,就在父母以上位者的姿态严格批评子女不符合期待的行为的同时,也灌输了下位者社会化发展时应具有的涉世认知能力。在以层级与羞耻为重的社会文化中,上位者应为下位者肩负这样的责任义务。表面上的负面评价模式实际上蕴含着这样一种更深层的文化意识。

5.3.2　中文主导沟通模式互动特征:上下二元权力对立

倘若说上位者以强调下位者知识能力的不足、弱化下位者的优异之处,作为建构其高位阶的语言手法,姑且不论其手法是出于上位者有意识的选择还是无意识的文化复制,这样的语言策略确实具有潜移默化的功效,华裔儿童所受的家庭教育是下层社会成员对于长者尊者须展现出绝对的遵从。

　　依照 Ervin-Tripp *et al.* (1984)的说法,权威(authority)的展现可进一步区分为下位者对于上位者所呈现出的尊敬(esteem)程度,以及上位者对于下位者有效权力(effective power)的行使。下一段论述中,我们将采用第二种分类,分析父母的言语命令是如何高效地主导华裔儿童的行为模式(例4)或纠正儿童的不良行为(例5)的。亲子上下之间绝对的权力对立,可以明显地在这一类的家庭日常对话互动中体现出来。

5.3.2.1　父母权威展现(一):主导儿童社会行为

　　例4仍是妮妮与妈妈(乙家庭)一同准备晚饭的互动片段。在以下的对话轮中,母女双方关注的焦点为白菜与高丽菜的烹调方式,笔者分析的重点为妈妈对每一道工序的言语命令(以→标注)以及妮妮之后的表现(以→→标注)。

　　例4　(乙家庭):你老是这样说(片段2)

31 妈:→　　好了你来放这个.

32 妮:　　　(1.5)((妮妮转身走向妈妈))

33　　　　　uh,

34 妈:→　　姜放进去.

35　　　　　(0.8)

36 妮:→→　everything 吗,((手置于摆放切好了的蔬菜、佐料的篮子上))

37 妈:　　　姜 only (.) ginger.

38 妮:→→　(3.0)((将姜丝从菜篮中挑起,并随手抖掉其他菜渣))

39 妈:　　　全部放啊你抖掉干吗,

40 妮:　　　((将姜丝丢进炒菜锅内))

41 妈:　　　欸叫你用摆的不是要给你用丢的.

42 妮:　　　因为有一些菜在里面啊[::.]

43 妈:　　　　　　　　　　　[没]关系.

44 妮:　　　oh OK.

45　　　　　(2.2)((妮妮将菜叶放入锅中,妈妈继续炒菜))

46 妮:　　　我要搅妈妈我要搅.

—互动对话轮删减—

((妮妮炒菜,妈妈将菜叶放入锅中))

47 妈:	((发现妮妮对怎么炒白菜不熟悉))要把它翻.
48	(1.8)
49 妮:	翻.
50	(0.8)
51 妈:	让它翻起来的地方.
52	往里–往里面翻.
53	(0.8)
54 妈:	不要翻到外面去.

—互动对话轮删减—

((妮妮在一旁看妈妈炒菜,妈妈正要把胡椒粉加入锅中并将菜叶放入锅中))

55 妮:	er 我要放进去.
56 妈:	er 不要.你放太多会很辣.
57	才不要.
58 妈:	(1.5)((将胡椒粉罐拿开))
59 妈:	不需要太多.
60 妮:	((从妈妈左边走到右边取盐罐))放——妈妈.
61 妈:→	放盐巴.
62 妮:→→	(放(hh))一点点 right,
63	(1.0)
64 妮:→→	一点点 right,
65 妈:→	半匙.
66 妮:→→	((看着妈妈))这样子吗,
67 妈:→	<半匙.>
68	(0.5)
69 妈:→	Half.
70 妮:→→	(2.2)((挖一勺盐))
71 妮:→→	((回头看着妈妈))>这样子吗,<

72 妈/妮：→→   （2.2）（（妈妈点头,妮妮把盐放入锅中））

73 妈：→   再-再一点.

74 妮：→→   （1.0）（（再挖一勺盐））

75   →→   （（回头看着妈妈））这样子吗,

76 妈：→   （（看着盐勺））太多了.

77 妮：→→   （1.2）（（将部分盐抖掉））

78 妮：→→   这样子吗,

79 妈：→   （（看着盐勺））hukay.

80 妈/妮：→→ （6.5）（（妮妮加了盐以后继续看着妈妈炒菜））

81 妮：   放油吗,

82   （1.8）

83 妈：   放油是刚开始就要放油［了.］

84 妮：   ［o:h,］

85 妈：   不是现在才要放油 OK,

86 妮：   oh 妈妈菜菜都怎么了.（0.5）刚才（.）很多 e::,

87   （）变很小了.

88   （0.5）

89 妈：   对呀.青菜就是这样子的啊,

（（妮妮正将锅铲从妈妈手中接过来））

90 妈：   你不要看它蓬蓬的很多 e.

91   一炒就没了.

92 妮：   （1.8）（（开始并继续炒菜））

93 妈：   快好了.你不要再炒了.

94   >待会<烂掉.

95   （1.2）

96 妮：   hehehe,（炒到）（）（.）那就给 Doggy 吃吧.

97 妈：   你想喔.

—互动对话轮删减—

98 妈：→   欤.（（呼唤妮妮））

99 妮：→   uh,

100 妈/妮：　　(1.5)((妈妈做手势要妮妮把姜丝放入锅中,妮妮走向工作台))

101 妈：→　　Garlic. ((将手交叉置于胸前))

102 妮：→→　　(8.2)((把姜丝放入锅中后开始炒菜))

—互动对话轮删减—

((妈妈开始将高丽菜放入锅中炒))

103 妮：　　放进去::::::,

104 妈：　　炒那 garlic 要有味道出来了.

105 　　才能放菜.(.)

106 　　听到没有.

107 妮：　　uh huh,

108 妈：　　(1.2)((妈妈继续将高丽菜放入锅中))

109 妈：　　(你这) garlic 才刚放进去然后放菜.

110 　　那个菜就不会香了.

111 妈/妮：　　(5.5)((妈妈继续将菜放入锅中让妮妮翻炒))

112 妈：　　((发现妮妮炒高丽菜的方式不合适))要翻.(.)不是>在那边<

113 　　炒来炒去炒来炒去.

—互动对话轮删减—

((妈妈在锅中加了一碗水后接过妮妮手中的锅铲,妮妮后退看着妈妈炒菜))

114 妈：　　不是只有这样子弄.

115 　　要整个翻.妮妮.要整个翻.oka::y,

116 妮：　　mka::y.

117 妈/妮：　　(1.5)((妈妈炒着菜,妮妮从旁观看))

118 妈：　　>不然<有的熟有的都还没有熟.

119 妈/妮：　　(2.2)((妈妈炒着菜,妮妮从旁观看))

120 妈：　　翻的时候不要翻到外面去了.

121 妮：　　>I know<刚才我>不(h)小(h)心(h)<

122 　　翻到外面了.

123 妈/妮：　　　 (4.5)((妈妈离开炒菜锅,妮妮接手并开始炒菜))

124 妈：　　　　　让它炒一下.

—互动对话轮删减—

((妈妈将番茄切片放入锅中后加水,妮妮拿起锅铲炒番茄))

125 妮：　　　　　为什么现在妈妈很多水都会这样子

126　　　　　　　(一喷一喷的啊.)

127　　　　　　　(0.5)

128 妈：　　　　　油碰到水就会

129 妮：　　　　　>那你弄我不弄我烫到了.<

130　　　　　　　(1.5)

131 妈：　　　　　吓死了 uh.

132 妮：　　　　　uh huh.

这段对话中,妈妈依序要求妮妮将姜丝①(例 4 行 31,行 98、101)及盐(例4 行 61、65、67、69,行 73、76、79②)放进炒白菜与炒高丽菜的锅中。从句法结构来看,妈妈的语句相当精练,除了对妮妮不清楚的地方给出解释外,只用一个手势、一个声音或一个名词/动词短语,就可立即让妮妮遵照指令行事。而妮妮在接到妈妈的指令后,无论是针对语意不清的指令提出疑问(例 4 行 36,行 62、64、66,行 71、75、78),还是按照指令做出合宜的动作(例 4 行 38,行 72、77、80),都没有表现出怠慢的行为与态度。妈妈简单的言语行为与妮妮的积极配合,这一来一往,体现了上下间权力上的不对等性。上位者(母亲)的权威在无权下位者的积极配合与服从中得到了验证。在儿童的发展阶段,常见的另一种体现方式是,孩子对父母纠正其不良行为的命令言听计从。下面的例子就以此为中心展开。

5.3.2.2　父母权威展现(二):端正儿童社会行为

　一个星期五的晚上,佳佳与哥哥(甲家庭)隔天不需要早起上课,按照家

---

① 妈妈口中的 garlic 其实是姜丝,属于口误。

② 妈妈这里的数个对话轮虽然可以整体视为对妮妮特定、单一行为的命令句式,然而就 Sacks *et al.* (1974)所提出的对话分析(conversation analysis)而言,这些对话轮之间存在着对话结构层次上的不同。由于这样的差异与我们所要探讨的议题没有直接的关联性,因此在以下各例中,单一命令及遵从话语轮的层次属性,都不多做说明。

规,他们有一个晚上的游戏时间。正当他们玩得起劲时,到了应该洗澡并上床睡觉的时候。眼看着就寝的时间就要到了,妈妈走向佳佳并告知洗澡的时间到了。

例5　(甲家庭):我们没玩够

01 妈:　　((走近佳佳,要求佳佳洗澡))

02 佳:　　我们都没有 hun fun 的.((生气状))

03 妈:　　你都 have 一晚上 fun 了.

04 佳:　　((全身摇摆着)) NO:::?

05 妈:　　妈妈有证据.

06　　　　 [都在叔叔①的录像(h)]　[机(h)里(h)]　[hehuhuhuhu].

07 佳:　　[((哭丧着脸发出不满声))] (([反抗地]　[低鸣))]

08 爸:→　 ((身处客厅一角使用着电脑)) [再这么]

09　　　　→坏就要写作业了 uh.

10 妈:　　hhhhhh((咯咯笑))

11 佳:→→　((沮丧的神态))

12 妈:　　你们俩谁先洗.

13 强:　　((手高举))我,

14 妈:　　((回应佳佳))那你再玩一会佳佳,

15 佳:→→　((摇头))

16 妈:　　((回应佳佳))那你不要洗啦,

17 佳:→→　(1.8)((沉默没反应))

18 妈:　　((回应佳佳))那你要先洗,

19 佳:　　(0.5)((沉默没反应))

20 爸:→　 佳佳先洗吧.

21 妈:　　佳佳先洗因为佳佳可能先要睡觉.

22　　　　 今天下午没睡觉.

23 爸:　　对.

———————

① 即笔者,也是语料采集人员。

24 妈:	佳佳很厉害的.①
25 爸:	就这个意思.
26 妈:	你要洗个::( )
27	坐水里洗的还是淋浴.
28 强:	我要[坐水里.]
29 佳: →→	[坐水里.]
30 妈:	那我现在给你放水.

面对妈妈这样的要求,佳佳不但动怒表示游戏结束时间根本未到(例5行02),而且进一步因为妈妈的质疑而做出反抗(例5行07)。身为母女互动旁观者之一的爸爸,对佳佳的举动做出了表态。虽然仅是淡淡地说了一下不遵守规矩的后果(例5行08—09),但这样的一句话却有效地发挥了作用。在这之后,虽然佳佳对妈妈的话语没有明确地回应,但先前的反抗行为,却也似乎收敛了一些,亲子双方的对峙时间很短,且没有进一步发展。即使刚开始佳佳对洗澡的要求做出鲜明的对抗,对妈妈之后的询问也没有言语上的表示,但在爸爸的明确要求(或建议)之下(例5行20),佳佳对之前的行为做了修正,按照父母的指令做出了应有的回复(例5行29)。

虽然以上两例节录自两个不同的家庭、不同的互动情境,然而相同的是,在上下层级、团体观念已经建立的家庭结构中,身处上位的一方俨然已被赋予应有的权威。也因为有了这一份权威,父母的命令即便乍听起来不具影响力,却也能有效地约束子女的言行。处于上位且有知识、能力的父母是具有威严的一方,而在下位的子女则应遵从有权者。传统华人这方面的观念,依旧在部分海外移民家庭中承袭着。

5.3.3　中文主导沟通模式互动中的和谐关系

在以层级团体意为主导的华人文化中,下位者的自由意志不受尊重,常为西方评论家诟病。儿童自由意志不受尊重的情形在上述例子中体现得很明显。优异表现得不到称赞,不合格处则被数落、批评,对孩子的自尊无疑是一

---

① 妈妈此处对佳佳的称赞应视为安抚佳佳受伤的心灵。与上文分析的称赞行为有语用功能上的不同。

种打击(Chao 1995;Miller *et al.* 2002;Santagata 2005)。对自身行为没有决定权,一切只能遵照父母所建构的蓝图行事,这对孩子的自主权无疑是一种剥夺(Markus & Kitayama 1991;Tobin *et al.* 1989;Triandis 1995;Triandis *et al.* 1988)。这种层级团体意识,在讲究人身自由、强调尊重每个人与生俱来的自尊心的美国(Kusserow 2004;Lareau 2002),是不可思议和荒谬的。由于概念上与人身自由相互抵触,层级与团体意识总被视为造成海外移民家庭成员之间相处不睦的主因(Fuligni 1998;Fuligni *et al.* 1999;Ni 2009;Wu & Chao 2005;Zhou 1997,2006,2009)。上述观点为笔者所做研究证实。这进一步说明,隐含有层级与团体意识色彩的家庭互动模式,并非如外界所言,会造成移民两代人之间的冲突与对立,相反,这种传统却为移民家庭成员带来了一种和谐与尊重的氛围,亲子上下之间,或是兄弟姐妹彼此之间都是如此。(Huang 1994;Lee 1982;Shon & Ja 1982;Uba 1994)。以下 4 例都可作为这一论证的具体互动实例。

5.3.3.1　亲子上下和谐互动

以下两例分别节录自佳佳(甲家庭)、妮妮(乙家庭)与妈妈的互动。例 6 发生的情景是:即将从学校返家的佳佳与哥哥,在飘着细雨的中文教室外边,撑着雨伞等爸爸。正当兄妹俩兴奋地在雨中撑着伞时,佳佳却发现妈妈正淋着雨,于是便把自己的雨伞高高地举向妈妈(例 6 行 03)。

例 6　(甲家庭):妈妈不用

((强强、佳佳、妈妈站在雨中等爸爸))

01 妈:　　　你们两个终于用上这个伞了.

02　　　　　[　　　带了好多天　　　　]

03 佳:　　　[((将雨伞高高举向妈妈))]

04 妈:　　　((回应佳佳))妈不用妈有皮夹-

——互动对话轮删减——

05　　　　　((回应佳佳))妈妈的 jacket 是不怕水的.

06　　　　　( )雨也不大.

例 7 的对话始于早先妮妮对妈妈提出,要留在自家经营的,由奶奶负责打理的周末中文学校,与(姑)表弟妹们一起做游戏①。面对妮妮的要求,严格的妈妈一如既往,给妮妮下了几道行为主导命令。

例7　(乙家庭):亲亲抱抱

01 妈：　　((对着妮妮))你要留在这边做什么.

02 妮：　　((走近妈妈))我还有 MPM② 啊.

03 妈：　　uh,

((妮妮转身面对妈妈,做出请求互动模式))

04 妮：　　我还有 MPM 啊.

05　　　　上次我来的时候我已经放 MPM

06　　　　在桌子上,那个(我)已经做好的啊.

07　　　　(0.5)

08 妈：　　阿嬷有要让你留下来吗,

09 妮：　　嗯哼.

10 妈：　　你有去问阿嬷吗,

11 妮：　　((欲转身跑开,询问祖母意见))

12 妈：　　你去问一下再说吧.

—互动对话轮删减—

13 妮：　　((跑回妈妈面前))妈妈,阿嬷说可以.

14 妈：　　那你就是真的要做,

15 妮：→→　((嘟起嘴做出亲吻妈妈的动作))

16 妈：　　不是在>那边< only play

17 妮：　　okay.

18 妈：　　听到没有.

19 妮：　　okay.

20 妮：→→　((纵身跃起抱住妈妈))kissing.

21 妈：　　((将脸颊转向妮妮的小嘴))

22 妮：→→　MOUTH.

——————————

①　妮妮的表弟妹即表 1 中或例 11、例 12 中的宝宝与蓓蓓。"奶奶"转写为语料中的"阿嬷"一词。

②　MPM 在此指的是美国民间教育集团所研发的一种数学学习系统与教材。

23 妈/妮：　　((双唇轻碰后分开))

24 妈：　　　OK.

25 妮：→→　((再一次纵身跃起抱住妈妈)) and then cheek.

26 妈/妮：　　((妈妈将脸颊转向妮妮的小嘴；妮妮轻吻妈妈的脸颊))

27 妮：　　　(　)

28 妮：→→　((妮妮与妈妈互拥)) hugging.

29 妮：　　　((拥着妈妈)) A: H

值得注意的是,虽说妈妈以一贯严格的态度回应了妮妮的请求,但当妮妮的请求获得妈妈的间接同意后,妮妮一连串对妈妈所做出的具体亲昵表现(如→→所示),也似乎能说明,即便母女之间存在层级权力上的不对等,但紧张的关系却没有因此出现。

如前所述,在传统东方(即受儒家文化影响)以重视人际层级观念为主流思潮的社会中,上位者自有一套建构高位阶语言的手法,而在上位者建立其高位阶的同时,这一层级结构的运作机制也给高位者提出了期望,要求高位者对低位者负指导、保护的责任(Phillips 1970)。另一方面,对下位者而言,当他们接受了上位者的付出时,便也受到了运作机制的影响,得为上位者的付出做出义务上与情感上的回馈(Hanks 1962:1248)。虽然处于不同位阶的上下双方有权力上的不对等,但在责任与义务上则相互倚靠。正因为这样的相互倚赖性,佳佳(例6)与妮妮(例7)对家中有权势的尊者(即其父母)所展现的不是反抗,而是回报。即使移民家庭两代之间不可避免地存在中美主流文化价值观上(即上下对立与平行对等)的差异,但彼此间的和谐共容并非不可能。

上下位阶的差距除了存在于亲子双方之间,也存在于兄弟姐妹之间。当兄、姊有能力肩负起照顾弟、妹责任时,对于弟、妹也有了该尽的义务;当弟、妹接受了兄、姊的照顾后,他们也就负有回馈的责任。以下3例说明了人际和谐是如何在华裔儿童兄弟姊妹之间产生的。

5.3.3.2　手足之间互赖互助

强强对佳佳(甲家庭)的自发性照顾可由下面例8中窥知一二。在教室外等候爸爸的那一天,终于下雨了,这是兄妹期盼已久的。急于尝试撑伞的兄妹俩,走出教室便把伞拿了出来。当时佳佳虽试了几回,却仍无法将伞面完全撑开。在一旁的强强便走上前去,尽了哥哥的义务(如→所示)。这一个案例中,虽然没有佳佳的回应,但其心意在例 9 中则表露无遗(如→所示)。

例 8　(甲家庭):你会弄吗

01 佳：　　　　((试图自己打开雨伞))

02 佳/强：　　(5.0)((佳佳不停试着,强强在一旁看着她))

03 强：→　　((走向佳佳))你会弄吗,

04　　→　　((探头看向佳佳开伞的手))

05 强：→　　((把自己的伞交给佳佳))OK 妹妹你 ho-你拿着这个.

06 佳：　　　((将强强的伞接过来))好.

07 强：→　　((把佳佳的伞打开))好啦.

08 佳/强：　　((将各自的伞互换回来))

09 佳：　　　好.(回家了.)

　　另一天下课放学后,爸爸、妈妈与强强一同走进佳佳的中文教室,准备接佳佳回家。佳佳看见哥哥走进教室后,便上前去,想将手中的棒棒糖给哥哥(例 9 行 02)。

例 9　(甲家庭):你要吃糖吗

01 强：　　　((走进佳佳的教室))

02 佳：→　　((手拿棒棒糖,走向强强))你要吗,

03 强：　　　我今天也拿了一一个 blue (的糖).

04 妈：　　　谁给你的.

05 强：　　　((回应妈妈))Kelly

06 佳：→→　我的是 different ［ 的 ］

07 妈：　　　　　　　　　　　［ hah, ］

08 强：　　　　　　　　　　　［Kelly］

09 佳：→→　((指着糖中间的洞))

　　　→→　　　　　　　　［ see ］一个小 hole. =

10 妈：　　　=Kelly 我还真不认识是谁,

—互动对话轮删减—

11 佳：→→　((高举棒棒糖给强强看))哥哥,

12　　　　(.)

13 佳：→→　((指着棒棒糖中间的小洞给强强看))这个一个 hole,

14 妈: 是个 hole 吗,是个挖下去的地方.

15 强: 今天我要吃 burger king.

16 妈: 吃(hh) bur(h)ger(h) king(h)啊(h).

17 爸: hah?

18 佳:→→ ((指着糖果上面的花纹)) 这画有( ).
　　　　这一个糖.

19 爸: 今天给你做红烧肉.

—互动对话轮删减—

20 佳:→→ ((面向强强)) 哥哥[我有个]

21 强: ((面向爸爸)) 　 [我要去.]

22 佳:→→ gummy 像这样的.

23 强: ((面向爸爸))爸爸我要去.

24 佳:→→ ((面向强强))你要吗.

25 强: ((面向佳佳))No.

互动中强强因正寻求父母的同意(例9行15),而对佳佳没有太大的兴趣,但佳佳仍然锲而不舍地向哥哥说明手中糖果的特殊性,只因为她想将这个特别的糖果送给哥哥。以上两例互动所共同展现的,便是另一种相互性的人际和谐,这样的手足相互依赖性,同样也在妮妮与弟弟(乙家庭)之间产生。

下面例10,节录自一个星期六上午的对话互动。妮妮和齐齐即将在自家经营的周末中文学校上中文课。当时妮妮,正在学校教室里来回走动,想找到卡通人物造型玩偶,而齐齐正应笔者的要求,尝试自己用钥匙打开一间上了锁的教室。若要打开教室门,齐齐需先知道该教室的门牌号,再从一串钥匙中找到标有该教室号码的钥匙,接着再用这把钥匙打开教室的门。这一连串的任务,对齐齐而言,并不是一件容易的事。

例10 (乙家庭):你要去这个房间吗

01齐: ((正尝试着打开锁上了的门))

02妮:→ ((走向齐齐,伸手向齐齐拿钥匙串))你要我帮你吗,

03齐: en.

04妮:→ 你要去这个 room 吗,

05齐: 他-Uncle 要去这个 room.

06 妮:→　　((试图从钥匙串中找到对应的钥匙))那:,

07 齐:→→　((想跑着离开现场))我去帮你:,(0.2)找 Patrick①.

—互动对话轮删减—

08 妮:　　((转身数教室号码))这个 room 是::,

09 齐:→→　((跑回现场,手中拿着 Patrick 玩偶))姊姊,[　Patrick,　]

10 妮:　　((持续数数))　　　　　　　　　　　　　[one hundred,]

　　　　[　one,two,three,four,　]

11 齐:→→　[(((向妮妮展示玩偶))]

12 妮:　　((转向教室门)) This is room 104.

—互动对话轮删减—

13 妮:→　((喃喃自语,抽出钥匙)) oh here is room 104.

14 妮/齐:→((向齐齐展示钥匙上的号码))

　　　　see 齐齐(here comes) room 104.

15　　→　((打开门))这是 room 104.

16　　→　(4.0)((教室门锁被打开,教室门开启))

17 齐:　　here.

18 齐:　　((转向笔者)) There,go::,

19　　　　(2.0)((齐齐与妮妮走进教室))

20 齐:→→　((伸手将玩偶交给妮妮))↑Patrick,

21　　→→　((模仿 Patrick 的笑声)) Wo wo ah a::h

22 妮:　　((伸手从齐齐那里接过玩偶))

当妮妮看到齐齐遇到麻烦后,便上前去帮助齐齐(例 10 行 02、04、06),并成功地替齐齐打开了教室门(例 10 行 13—16)。当妮妮做出了长者应有的表现之后,齐齐立即对此做出了回应,帮姐姐找到了玩偶(例 10 行 07、09、11;行 20—21)。互动的最后,姐弟两人交接玩偶(例 10 行 20—22),体现出手足的和谐互赖。

虽说以上实例中所呈现的亲昵、温馨的互动并不常见,且亲子或手足之间

———————————

① Patrick 在此指的是,仿照美国卡通海绵宝宝中派大星一角所做的填充玩偶。

的摩擦也可从笔者与家庭成员的对话中得知,然而依笔者的观察,这类海外华人家庭成员之间的摩擦也绝非如一般人所推断的那样会对移民家庭带来伤害性的威胁。需要强调的是,以上各例所体现的和谐关系的产生,是有先决条件的。如果群体间层级的分野以及各个层级人员所应肩负的责任义务都能被在美国成长的孩子所理解并实践,那么层级制度的互惠机制便能为移民家庭带来和睦的氛围。然而,海外移民家庭是否都能如上所述使得成员之间相安无事,当代中美研究文献中所阐述的对立场面,是否都有悖事实,笔者对以上疑问,皆持否定立场。下一节的论述将会对此议题做出解释。

5.3.4　英文主导沟通互动模式

如果由负面评价语言句式所建构的层级与权力分野为和睦气氛的先决条件,那么造成海外移民家庭成员之间紧张关系的,则应是层级权力的分野不明。这种逻辑推论,可从以下的具体互动实例中得到证实。参与本项研究计划的第三个家庭,或许由于父母双方入籍的平均时间较其他两家早(参见表2),父母接受西方文化的程度较高。仔细分析这一家人的互动模式,可推知强调亲子双方平行对等的育儿价值观(Lareau 2002;Cekaite 2010)是如何在这个华裔家庭中得到诠释和实践的。

如同前几个例子所展现的,在建立层级与权力不对等的社会结构的同时,父母所关注的仅是孩子不到位的行为表现,随之而来的批评则属理所当然。但这样的评价模式却不是这个家的主流价值:对于子女的优异表现,父母会给予大力的赞许,而子女令人不甚满意的表现,则几乎不会成为互动的焦点(在笔者所采集到的语料中,父母不加修饰地批评子女表现的词语并没有出现)。以下例11所要探讨的,便是这位妈妈完全有别于另外两位妈妈的表现——对孩子优异表现的积极赞扬。

这一天周末,蓓蓓与宝宝(丙家庭)一如往常,各自参加小区家长组织的儿童足球比赛。当天早上宝宝在比赛中,成功地为球队得了一分,爸爸和奶奶都看见了他的表现,妈妈和蓓蓓则因为某些理由而无法到现场观赛。在以下节录的对话开始之际,奶奶和妈妈分享了这个好消息。为此,妈妈用英语告诉宝宝做得好(例11行01)。当奶奶进一步对宝宝当日的表现做出归纳性的正面评述后,妈妈再一次夸奖了宝宝。数分钟后,当蓓蓓来到场边休息时,妈妈又再次附和了奶奶,得意地告知蓓蓓宝宝今日的优异表现。

例 11　（丙家庭）:这么棒啊①

((妈妈蹲下递水给宝宝))

01 妈：→→　HIGH FI::::VE? GOOD JO:::B?

02 妈：　　　hehehehe

03 妈：　　　WO::W. d-were you in the same team with Freddi::,

04 宝：　　　hmmm no.=

05 妈：　　　=No. ok(h)ay:

06　　　　　(.)

07 奶：　　　他踢得很好 ei.

08　　　　　比上一次好.

09 妈：→→　((手摸向宝宝的头))真的啊.

10　　→　　((摸了摸宝宝的头))这么棒啊.

11 奶：　　　就是啊.

12 妈：　　　hehe.

13 奶：　　　现在简直是.

14 妈：　　　(1.2)((妈妈起身观看蓓蓓的球赛))

15 奶：　　　很-很能干了（）.

16 妈：　　　hu:h.

—互动对话轮删减—

((中场休息,蓓蓓从球场走回球场边休息处))

17 妈：　　　((将水递给蓓蓓))你的水拿去.

18 蓓：　　　(.)((伸手拿水))

19 妈：→→　wow 你们-你们这一队踢得很好啊,

20　　　　　踢了几分了.

21 蓓：　　　u:h,=

22 奶：　　　=三分了.

————————————

① 　为与其他家庭、其余互动案例做平衡对等分析,奶奶在这个案例中的赞扬将不作为讨论焦点。

23 妈：　　今天几分了.

24 蓓：　　三. =

25 妈：　　= uh,

26 蓓：　　三.

27 奶：　　三分.

28 妈：　　三分啦.

29 奶：　　u:h,

30 　　　　(5.2)

31 奶：　　踢了三分了.

32 　　　　宝宝踢了>一分. < =

33 妈：→→　((对蓓蓓说))= yea,

34 　　→→　((手轻触宝宝的头))Billy 今天

35 　　→→　踢进一分 ei,

36 　　　　(.)

37 　　→→　你看.

38 奶：　　hmmmmmm

39 蓓：　　I do better in defense.

相比于强强和妮妮,宝宝得到妈妈至少三次公开且直接的表扬. 笔者以为,对子女的优异表现加以赞扬,已符合美国主流文化中对于儿童及青少年自尊(Kusserow 2004;Lareau 2002)的保护与尊重. 涉世知识丰富的父母不将涉世不深的子女视为发展不健全的一员,在对子女点滴的进步给予正面肯定的同时,子女的自信与自尊也逐渐建构起来,于是上与下之间的界线就变得模糊,有再定义的余地. 简单地说,正面积极的鼓励句式所传递或隐含的,是双方之间相对平等的地位. 在这种对等的关系中,父母的威势也相对地被弱化了. 当双方都能对彼此的意见表现出不予采纳的立场时,僵持对峙的场面也就习以为常了.

下一个对话实例节录自蓓蓓在妈妈的陪同监督下练习小提琴时的情景. 在过去的一小时中,蓓蓓由于没有达到应有的水平而反复练习某一乐章. 虽然她的表现没被直接、当面地批评,但蓓蓓对妈妈不断要求重复的指令,逐渐感到不悦,并进而质疑妈妈的指令.

例 12a （丙家庭）：Why are you being mean to me

01 蓓：　　　（（不熟练地完成某一小节））

02 妈：　　good, one more time to make sure you got it.

03 蓓：　　　（（脸上出现不悦神情,但仍旧配合））

04 蓓/妈：　（11.0）（（妈妈在一旁观看））

05 妈：　　can you read?

06　　　　　（0.8）（（蓓蓓放下小提琴））

07 妈：　　read the notes. =

08 蓓：　　=I don't need to read. =

09 妈：　　=ok. =（（拿起小提琴欲做示范））

10 蓓：→→　you said I need to learn it by heart.

11　　→→　NOW YOU ARE TALKING TO ME THAT I NEED TO READ,
　　　　　　（（蓓蓓质疑妈妈的指令;妈妈正将小提琴放置好,准备拉奏
　　　　　　示范））

—互动对话轮删减（（妈妈示范,蓓蓓重复动作））—

12 妈：　　G(h)O(h)O(h)D(h)? your finger is very good. better than
　　　　　　mine.

13 妈：　　ok, then next one is,

14 蓓：→→　（（哭丧着脸））YOU SAID I ONLY NEEDED TO DO A LITTLE,
（（妈妈示范下一小节））

15　　　　　（2.0）

16 妈：　　we at least need to finish reading these two lines.

17　　　　　[so you are only on the first] =

18 蓓：→→　[　　　NO：：：：：：：：？　　]=

19 妈：→　come on,

20　　　　　（1.8）（（蓓蓓哭丧着脸,没有动作））

21 妈：→　hurry up,

22　　　　　（0.8）（（蓓蓓哭丧着脸,没有动作））

23 妈：→　快一点,

24　　　　　（1.0）（（蓓蓓哭丧着脸,没有动作））

25 妈：→　　快一点.

26　　　　　(2.8)((蓓蓓哭丧着脸,没有动作))

27 妈：→　　快(.)一(.)点(.)

28　　　　　(2.2)((蓓蓓哭丧着脸,没有动作))

29 妈：→　　如果你练不完我就会叫你去睡觉. 快一点.

30 妈：→　　不然这个礼拜就没有 scoote(h),也不能看电视. 快一点.

31　　　　　(1.2)

32 妈：　　　[　　我们昨天没有练习　　　]=

33 蓓：→→　[IS YOUR MOM LIKE THAT?]=

34 妈：　　uh hm,

35 蓓：→→　THEN WHY ARE YOU BEING MEAN TO ME::?

36 妈：→　　快一点.

37　　　　　→(1.8)

38 妈：→　　没有练习就什么都不会. [　快一点.　]

39 蓓：→→　　　　　　　　　　[YOU SAID] IM YOUR TEACHER.

40　　　→→　WHY ARE YOU MY TEACHER NOW?

41 妈：　　你没有 read 好,所以我们现在在练习. 开始. go.

42　　　　　(0.6)

43 蓓：　　I DIDN'T EVEN HEAR YOU:::

44 妈：　　((拿起小提琴开始示范))

灰心、沮丧、愤怒的蓓蓓,对妈妈任何形式的命令(例 12a 行 19、21、23、25、27,行 36—38)与威胁(例 12a 行 29—30)都不予理会,甚至对妈妈的命令提出挑战与质疑(例 12a 行 10—11、14、18,行 33、35,行 39—40)。双方僵持了好一阵子,妈妈暂且让蓓蓓听令于她,配合继续练习该乐章,但几分钟后,僵持的情况又再一次出现。在例 12b 中蓓蓓已做出了最大的反抗:将小提琴搁置一旁,双手一摊,完全拒绝再合作。

例 12b　(丙家庭):Learn by nothing

01 妈：　　You wanna learn by ea:r,or you wanna learn by reading.

02　　　　　(1.5)

03 蓓：　　((单只手肘抵着桌子,手掌托腮)) Learn by NO:thing.

04 妈：→　　Hurry,

05 蓓：　　　(1.5)((沮丧啜泣))

06 妈：→　　快一点 oh,

07 蓓：　　　(4.2)((手掌托腮沮丧啜泣))

08 妈：→　　Hurry u::p?

09 蓓：　　　(5.2)((手掌托腮沮丧啜泣))

10 妈：→　　你越早弄完,

11 　　　→>你就越早可以看电视.<=

12 蓓：　　　=HO::W？=

13 妈：→　　你要在这边跟我一直搞,

14 　　　→你就永远都看不到电视.

15 　　　→我就会叫你上床去睡觉.

16 蓓：　　　(1.8)((((手掌托腮沮丧啜泣))))

17 妈：→　　再五分钟你要是练不完,

18 　　　→>我们就去睡觉.<

19 蓓：　　　No,you can't do that.

20 妈：　　　没有办法？

　　—互动对话轮删减—

21 妈：→　　今天这两个-这两边没有练好,

22 　　　→我就不准让你做其他的事.

23 　　　　(.)

24 妈：→　　快一点.

25 　　　　(.)

26 蓓：　　　((啜泣声)) WHY.

27 妈：　　　没有 ch(h)oice.

28 蓓：　　　((伸出双手拿小提琴))

29 妈：　　　快一点.

　　在以上两个案例中,虽然妈妈终究是具有权威的一方,但她那种不容挑战的父母权威,并没有在该家庭亲子间建立起来,因为妈妈的指令(以→标记)几乎是无用的。没有妮妮面对指令时的积极配合(例4乙家庭),也没有佳佳面对禁令时的适时低头(例5甲家庭)。这例中,自主性高的蓓蓓就如同美国主流社会中的白人孩子一样(Ochs & Izquierdo 2009),面对权势不轻易妥协,而在与具有权力一方的角力中,摩擦、争执、对峙的局面也就自然而然地产生了。这层紧张关系,或许被当作华裔家庭的"冲突"与"战争"(Fuligni 1998;Fuligni *et al.* 1999;Ni 2009;Wu & Chao 2005;Zhou 1997,2006,2009)。

5.4　综合讨论

由于本项研究所采集的语料的局限性,笔者无法在此推断第一代华裔(1.5 Chinese-Americans)儿童在进入青少年、成人阶段后,是否也呈现如上所述的两种相处模式,也无从了解第二、三、四代美籍华裔人士自幼的家庭关系如何,但依据既有的第一代华裔儿童所表现的行为模式,笔者在此概括性地为当代中美文化研究做出以下结论。

重视阶级层次的华人社会文化(Chao & Tseng 2002;Fuligni 1998;Hardway & Fuligni 2006;Ho 1996;Zhou 2006,2009)强调下位者积极服从与有效遵从的重要性。在这样的意识形态下,孩子与生俱来的自尊总不被重视,各种有欠缺的社会行为总被放大,而优良表现却又屡遭轻视。一直被视为"不谙世事且才疏学浅"的他们,甚至被要求完全遵从有权威的父母的命令。这样的教育方式,着实令美国白人家长感到惶恐、震惊和残忍(Paul 2011)。然而笔者以为,虽说他们总应其族裔层级文化的要求,牺牲美国主流文化价值,放弃自我主观意识,为家庭、亲人做出回应性的付出(Huang 1994;Kagitcibasi 1990;Lee 1982;Triandis 1990),然而他们的付出,同时也会因为团体意识机制(Fuligni *et al.* 1999;Huang 1994;Kagitcibasi 1990;Lee 1982;Triandis 1990;Tseng 2004)运作的影响,而得到伦理上或情感上的回馈。这一切对于进一步塑造高度承袭华人层级思想观念的移民家庭成员,具有直接与正面的影响。反观西化程度较高的另一端,在已深度接受主流西方思维的华裔家庭中,自小被灌输有平等、自由思想观念的华裔孩子与仅是某种程度上西化了的地道华人父母,随时都会有因(世代差异外的)文化立场或意识形态的不同而产生对立、冲突。当主流中西文化不得不在同一场合同时出现时,争端就此出现。"虎爸""虎妈"所面对的,很可能也是不服管教的"虎子""虎女"。

参考文献

Cekaite, Asta 2010 Shepherding the child: Embodied directive sequences in parent-child interactions. *Text and Talk* 30.1: 1 – 25.

Chao, Ruth K. 1995 Chinese and European-American cultural models of the self reflected in mothers' child-rearing beliefs. *Ethos* 23.3: 328 – 354.

Chao, Ruth and Tseng, Vivian 2002 Parenting of Asians. In Marc H. Bornstein, ed., *Handbook of Parenting: Social Conditions and Applied Parenting*, 59 – 93. Mahwah: Erlbaum.

Chua, Amy 2011 *Battle Hymn of the Tiger Mother*. New York: Penguin Press.

Ervin-Tripp, Susan, Catherine O'Connor, Mary and Rosenberg, Jarrett 1984 Language and power in the family. In Cheris Kramarae, Muriel Schulz and William O'Barr, eds., *Language and Power*, 116 – 135. Los Angeles: Sage.

Fuligni, Andrew J. 1998 Authority, autonomy, and parent-adolescent relationships: A study of adolescents from Mexican, Chinese, Filipino, and European backgrounds. *Developmental Psychology* 34: 782 – 792.

Fuligni, Andrew J., Tseng, Vivian and Lam, May 1999 Attitudes toward family obligations among American adolescents from Asian, Latin American, and European backgrounds. *Child Development* 70: 1030 – 1044.

Givón, Talmy 1983 Topic continuity in discourse: A quantitative cross-language study. *Typology Studies in Language* (Vol. 3). Amsterdam: John Benjamins.

Givón, Talmy 1984 The pragmatics of referentiality. Paper presented at the Georgetown University Roundtable on Language and Linguistics, Georgetown, D.C.

Goodwin, Charles and Goodwin, Marjorie Harness 2000 Emotion within Situated activity. In Nancy Budwig, Ina C. Uzgiris and James V. Wertsch, eds., *Communication: An Arena of Development*, 33 – 54. Stanford: Ablex Publishing.

Hanks, Lucien M. 1962 Merit and power in the Thai social order. *American Anthropologist* 64.6: 1247 – 1261.

Hardway, Christina and Fuligni, Andrew J. 2006 Dimensions of family connectedness among adolescents with Chinese, Mexican, and European backgrounds. *Developmental Psychology* 42: 1246 – 1258.

Ho, David Yau-fai 1981 Traditional patterns of socialization in Chinese society. *Acta Psychologica Taiwanica* 23: 81 – 95.

Ho, David Yau-fai 1996 Filial piety and its psychological consequences. In Michael Harris Bond, ed. , *The Handbook of Chinese Psychology*, 155 – 165. Oxford: Oxford University Press.

Huang, Larke Nahme 1994 An integrative approach to clinical assessment and intervention with Asian-American adolescents. *Journal of Clinical Child Psychology* 23. 1: 21 – 31.

Kagitcibasi, Cigdem 1990 Family and socialization in cross-cultural perspective: A model of change. In John J. Berman, ed. , *Nebraska Symposium on Motivation 1989*, 135 – 200. Lincoln: University of Nebraska Press.

Kusserow, Adrie 2004 *American Individualisms: Child Rearing and Social Class in Three Neighborhoods*. New York: Palgrave MacMillan.

Lareau, Annette 2002 Invisible inequality: Social class and childrearing in black families and white families. *American Sociological Review* 67. 5: 747 – 776.

Lee, Evelyn 1982 A social systems approach to assessment and treatment for Chinese American families. In Monica McGoldrick, Joe Giordano and Nydia Garcia Preto, eds. , *Ethnicity and Family Therapy*, 208 – 228. New York: The Guilford Press.

Markus, Hazel R. and Kitayama, Shinobu 1991 Culture and the self: Implications for cognition, emotion and motivation. *Psychological Review* 98. 2: 224 – 253.

Miller, Peggy J. , Wang, Su-hua Sandel, Todd and Cho, Grace E. 2002 Self-esteem as folk theory: A comparison of European American and Taiwanese mothers' beliefs. *Parenting: Science and Practice* 2. 3: 209 – 239.

Ni, C. -C. 2009 A helping hand for Asian families. *Los Angeles Times*. A19, October 23rd.

Ochs, Elinor and Izquierdo, Carolina 2009 Responsibility in childhood: Three developmental stories. *Ethos* 37: 391 – 413.

Ochs, Elinor and Schieffelin, Bambi B. 1984 Language acquisition and socialization: Three developmental stories and their implications. In Richard A. Shweder and Robert A. Le Vin, eds. , *Culture Theory: Essays on Mind, Self and Emotion*, 276 – 320. New York: Cambridge University Press.

Paul, Annie Murphy 2011 Tiger moms: Is tough parenting really the answer? *Time*, January 20th. http://www. time. com/time/printout/0, 8816, 2043477, 00. html.

Phillips, Herbert P. 1970 *Thai Peasant Personality: The Patterning of Interpersonal Behavior in the Village of Bang Chan*. Berkeley: University of California Press.

Sacks, Harvey, Schegloff, Emanuel A. and Jefferson, Gail 1974 A simplest systematics for the organization of turn-taking in conversation. *Language* 50. 4: 696 – 735.

Santagata, Rosella 2005 "Are you joking or are you sleeping?" cultural beliefs and practices in Italian and U. S. teachers' mistake-handling strategies. *Linguistics and Education* 15. 1 – 2: 141 – 164.

Schegloff, Emanuel A. 2014 Transcription Module. http://www. sscnet. ucla. edu/soc/faculty/schegloff/TranscriptionProject/index.html.

Schoenhals, Martin 1993 *The Paradox of Power a People's Republic of China Middle School*. Armonk: M. E. Sharpe.

Shon, Steven P. and Ja, Davis Y. 1982 Asian families. In Monica McGoldrick, Joe Giordano and Nydia Garcia Preto, eds. , *Ethnicity and Family Therapy*, 208 – 228. New York: Guilford.

Sung, Betty Lee 1987 *The Adjustment Experience of Chinese Immigrant Children in New York City*. New York: Center for Migration Studies.

Tobin, Joseph Jay, Wu, David Y. H. and Davidson, Dana H. 1989 *Preschool in Three Cultures: Japan, China, the United States*. New Haven, London: Yale University Press.

Triandis, Harry C. 1990 Cross-cultural studies of individualism and collectivism. In John J. Berman, ed. , *Nebraska Symposium on Motivation*, 41 – 133. Lincoln: University of Nebraska Press.

Triandis, Harry C. 1995 *Individualism and Collectivism*. New York: Simon and Schuster.

Triandis, Harry C. , Bontempo, Robert Marcelo Villareal, J. , Asai, Masaaki and Lucca, Nydia 1988 Individualism and collectivism: Cross-cultural perspectives on selfingroup relationships. *Journal of Personality and Social Psychology* 54: 323－338.

Tseng, Vivian 2004 Family interdependence and academic adjustment in college: Youth from immigrant and U. S. -born families. *Child Development* 75: 966－983.

Uba, Laura 1994 *Asian Americans: Personality Patterns, Identity and Mental Health*. New York: Guilford Press.

Wong, Ka F. and Xiao, Yang 2010 Diversity and difference: Identity issues of Chinese heritage language learners from dialect backgrounds. *Heritage Language Journal* 7. 2: 153－187.

Wu, Chunxia and Chao, Ruth K. 2005 Intergenerational cultural conflicts in norms of parental warmth among Chinese American immigrants. *International Journal of Behavioral Development* 29. 6: 516－523.

Zhou, Min 1997 Growing up American: The challenge confronting immigrant children and children of immigrants. *Annual Review of Sociology* 23: 63－95.

Zhou, Min 2006 Negotiating culture and ethnicity: Intergenerational relations in Chinese immigrant families in the United States. In Ram Mahalingam, ed. , *Cultural Psychology of Immigrants*, 315－336. Mahwah: Erlbaum.

Zhou, Min 2009 *Contemporary Chinese America: Immigration, Ethnicity, and Community Transformation*. Philadelphia: Temple University Press.

第六章 美国华裔家庭日常口语与文化传承模式(下): 语言社会化与家庭伦理秩序

6.1 引言

在美国社会学家以及族裔研究学者的文献中,华人父母教育儿女的方式总被解读为倾向威权、严格的一面,对孩子的表现总有着极高的要求与期待(Fung 1999;Chao 1994;Chua 2011;Ho 1986,1996;Lin & Wang 1994;Wu 1981,1996),尤其是对于子女们学业上的表现。父母们之所以选择这样的方式教育孩子,是因为他们期待子女有朝一日能有一番作为,给家庭(包括父母)带来荣光。因此,纵使父母教育子女的方式遭到外界的负面解读,他们依然深信这样的威权式育儿方法是有效的。父母们常常认为,自己对于子女的严厉教育是"打是亲,骂是爱",孩子长大就会理解;自己的无私奉献与付出,总有一天会得到回报。

另一方面,子女们为了能够满足父辈尊长的要求与期待,就必须牺牲自我,抑制私欲,恭敬地对尊长展现出无条件的顺从与迁就(Zhou 2006)。这种上下二元的双方彼此之间互依互存的相处法则,正是华人社会所推崇的儒家孝道文化。儒家传统思想对于构建华人家庭的价值与秩序有着极大的影响,而且影响所及之处不只局限于传统华人所在的东方国家。近期几份对美国华裔移民家庭的研究报告共同指出,深受儒家文化洗礼而产生的"父母威权"以及"家庭层级秩序",是两项区分美国本土华裔移民家庭与欧陆移民家庭的显著指标(Chao & Tseng 2002;Fuligni 1998;Hardway & Fuligni 2006;Ho 1996;Zhou 2006,2009)。本章将继续第五章的思路,依循已有文献所指出的现象,采用语言社会化(language socialization)(Ochs & Schieffelin 1984;Schieffelin & Ochs 1986a,1986b)的理论框架,从微观的华人家庭语言使用层面上分析儒家文化所强调的层级秩序是如何潜移默化地在实际互动沟通行为中传承并体现的。

6.2　语言评价活动与社会化

在儿童成长的过程中,在协助孩子社会化的情境下,长辈在与晚辈做社会互动时,并非只是单纯地与他们传递信息,而是希望通过社会互动,将他们塑造为成熟的社会人(Ochs 1988;Schieffelin 1990;Schieffelin & Ochs 1986a,1986b)。这样一种元语用意识(metapragmatic awareness)不仅极大地左右了互动双方的行为模式,而且对总体互动过程的发展有着深远的影响。为了将晚辈教化成健全的社会人,长辈往往会采用特殊的语言策略与其互动,而这些特别的语言策略也就蕴含了父母想传递给下一代的文化意识形态,也就是所谓的"元语用植入"(metapragmatic inputs)(Becker 1994;Gleason *et al.* 1984;Ochs 1988;Schieffelin 1990;Schieffelin & Ochs 1986a,1986b)。

在儿童社会化的过程中,父母常常对下一代的举止行为做出各种评判,构成所谓的评价活动(assessment activity),鼓励孩子们的正面行为,抑制其负面行为,以期促进下一代的良好行为模式的生成。人类语言学学者(Goodwin 1986;Goodwin & Goodwin 1987,1992,2000;Pomerantz 1984)给出的语言评价活动的定义是:在日常互动沟通的过程中,互动参与者为了表达个人对某人、某事、某物的主观立场及情感而做出的言语行为。如果用"语言社会化"的视角来审视语言评价活动,父母的正/负面评价行为,在亲子互动的过程中不仅传达了父母对儿童社会行为的基本肯定/否定,而且也体现了父母对儿童成长历程中正/负面情感认同的立场(affective stance)。这样的情感立场进一步对儿童建构自我的"社会文化认定"(socio-cultural identity)起着不可或缺的作用(Ochs 1990)。因此笔者以为,在语言社会化的过程中,父母给予因儿童行为表现而产生的正面评价(如赞扬)及负面评价(如批评)虽说都有其可能性,但父母在与儿童的社会化互动过程中,对于赞扬和批评的主观取舍,具体而深刻地体现了父母欲传承给儿童的社会文化意识形态,及欲帮助他们建构的社会文化认定。

本章试图通过分析华裔移民家庭亲子之间的语言使用,来理解移民父母是通过哪些语言评价活动来帮助华裔儿童建构对长幼有序、层级伦理的认知的。需要强调的是，"语言评价活动"与"社会秩序建构"之间的关系（Ochs 1990），不应该是直接单一的（direct；single），而是间接递进的（indirect；dual）双向①关系。具体而言，笔者认为，父母评价活动的使用与终极的社会化目标之间，存在下列特殊的模式②：

言语评价活动 ↔ 社会成员归类活动 ↔ 自我认定/伦理层级 ↔ 儒家思想/耻感思维
（assessment activity）（membership categorization）（social identity/hierarchy）（Confucius/shame social-
ized ideologies）

　　笔者认为，语言学家所理解的评价活动与社会学界所提出的"社会成员归类"（Sacks 1972a，1972b，1992，1995）在概念上具有高度的一致性。父母对儿童社会行为的评价方式，可以理解为前辈对晚辈"社会成员"（membership）的"归类"（categorizing）以及对该种社会成员的"行为属性"（attributive activity）所做的规范（binding）。儿童如能体会到自我在社会上的定位/角色，并实践社会对这个定位/角色所规范的行为，他们就能被社会外界认定为已理解伦理且发展完整的成熟社会人。"社会成员归类"是另一个语料分析的主要观点，因此笔者将先对这一理论框架做进一步的说明。

6.3　社会成员类属、类属规范活动与社会化

　　"社会成员归类"是由社会学家（Sacks 1972a，1972b，1992，1995；Schegloff 2007a，2007b）提出的，以指称或标注自然人社会身份的行为模式。在此行为模式中，用来标记自然人社会身份的语言符号则称为社会成员类别（member-ship category），例如华裔美国人、成年人、青少年、父亲、母亲、儿童、老师、学生等，都是社会成员类别的例子。随着社会场景的转换及成长时间的增长，每一

―――――――――

　　①　所谓双向指的是从微观的"语言行为"到宏观的"社会文化意识形态"之间的每一阶段，都可以互相视为因果关系："上下二元的互动模式"体现了"儒家知耻的思维逻辑"，也可以说因为"儒家知耻的思维逻辑"带来了"上下二元的互动模式"。

　　②　为了不重复下文中的论述，这里先不对这种关系多做叙述，仅对言语评价活动与下一阶段的语言活动的关系做详细的解释。

个自然人所属的社会团体会逐渐增加,因而能为他人所用以指称的类别符号也就有了愈来愈多的不同选择(如华裔儿童"李强强"长大后,可同时具有华裔美国人、成年人、父亲、先生、执业律师等不同的社会身份)。在社会互动中,说话者用以指称听话者的语言符号(说话者不用听话者的姓名"李强强",而选用其家庭身份称谓"哥哥"来指称李强强),进一步揭示了说话者想传递给听话者的言谈意涵,即对这一社会成员类别应有的社会行为的期待(用家庭称谓揭示了传统华人家庭中的伦理:哥哥姐姐理应照顾弟弟妹妹,弟弟妹妹理应敬重哥哥姐姐)。这种对社会成员类属(membership categorization,Sacks 1972a,1972b,1992,1995;Schegloff 2007a,2007b)应有行为的期待,即社会学家 Sacks(1972a,1972b,1992,1995)所说的"类属规范活动"(category-bound activity)。从语言社会化视角来看,儿童对于社会类别所隐含的社会涵义、期待及该类别所应有的规范活动的认知(也即成员类属与类属规范行为之间的关系,Schegloff 2007a:470),都需父母言语行为的熏陶。笔者认为,言语评价活动正是给儿童灌输"社会成员归类/类属规范"的明确语言手段之一。

6.4　负面情感类属规范、华裔身份认定与社会层级建构

下面的论述,将以华裔家庭中互动的实际例子来说明华裔儿童是如何潜移默化地在与父母互动的社会化过程中习得传统华人家庭中的伦理秩序以及个人在家庭中所应扮演的角色的。依据笔者采集到的语料①,在长幼层级伦理意识很强的华裔家庭中,父母在与儿童进行社会化互动时,显著的语言行为包括以下几点。除了(1)习以为常地弱化儿童已经具备的才能,(2)习惯性地仅着眼于儿童负面的社会行为并给予当面的、即时性的负面评价之外,笔者同时发现,在父母已着眼于儿童负面社会行为且做出了负面评价后,(3)适时地

---

①　本研究用以分析的田野调查语料,是笔者2009年10月至2010年5月在美国加利福尼亚州洛杉矶地区采集而来的。参与移民的家庭背景详见本书第五章。由于我们仅着重于华人层级文化意识形态对华裔儿童身份认定的影响,本研究所展示的互动实例将从具有显著家庭(社会)层级意识的移民家庭中节选:所列举的亲子互动对话分别来自黑龙江以及台湾两个华裔移民家庭,实例中出现的华裔儿童参与计划时的年龄大致在5岁与9岁之间。

提及一位不在互动现场,但能力胜出当事儿童的第三方(比当事儿童年纪稍长的手足或朋友),也是互动过程中的常态。笔者认为,当父母以上述模式与儿童沟通互动时,也直接或间接地将儿童负面的行为视为他们类属规范活动的一部分)。在这一社会化互动的过程中,华裔儿童逐渐习得到的,是儒家思想讲究的层级文化以及长幼有序的观念。如果儿童习得了这种思维逻辑,并深受儒家传统的洗礼,则可免除大众舆论的"羞辱性的批判"。以下将逐一列举移民父母在与儿童对话互动时所具体采用的言语评价方式。

6.4.1　轻视正面表现的价值

社会层级对立与社会地位高低等意识的建构,与华人父母偏向采取负面情感立场(姑且不论有意或无意)看待儿童社会表现有着密不可分的关系。父母对他们优异表现的轻视是负面情感立场展现的语言手法之一。下列两个亲子互动实例,体现了父母弱化子女优异表现的语言行为。

6.4.1.1　肯定价值而不赞扬

例1节录自齐齐与妈妈一同从中文学校返家时的车内对话。汽车引擎发动后,妈妈立即发现汽车的油箱快要没油了(例1行01—03),必须先去加油站加油。坐在后座的齐齐听到这个消息后,立即提醒妈妈在加油站按下油枪前,应记得要将车窗摇下来,好让难闻的汽油味散去(例1行06)。

例1：　我总是记得①

01 妈：　　啊::,没有油了.

02　　　　爸爸每次都开到没有油.

03　　　　我们去加油去.

04 齐：　　oka::y.

05 妈：　　嗯哼.

06 齐：　　还有要打开 window 唷,

07　　→　我都会 mi-remember.

08 妈：→→　hm,thank you.

09　　→→　那你又为什么自己的事情

---

① 以下几则转写语料所采用的标记符号请参见第五章。

10　　→→　都不 remember 呢,uh?

11 齐:　　　((嬉闹地说着))加油,加油,加加加加油?

12 妈:　　　你今天在 school 老师教你什么.

　　向妈妈表达完善意的提醒之后,齐齐主动将自己归类为细心的人(例1行07)。然而当妈妈得到齐齐的提醒之后,却仅做出肯定齐齐行为的回应(例1行08),进一步正面评价的行为没有出现。虽说齐齐自认为是个细心的人,但在妈妈看来,齐齐对自己的事情总是漫不经心(例1行09—10),"对事情漫不经心"才应该是齐齐的"类属规范活动"。请看另一位华裔母亲与儿子强强的互动模式(例2行06),与这一实例类似,对于儿童行为的正面价值仅止于肯定的回应。

　　例2:　妈妈不用

((强强、佳佳、妈妈站在教室外等爸爸))

01 妈:　　　你们两个终于用上这个伞了.

02　　　　　[　　带了好多天.　　]

03 佳:　　　[((将雨伞高举向妈妈))]

04 妈:　　　((回应佳佳))妈不用妈有皮夹-

05 强:→　　这是我帮她打开的.

06 妈:→→　((回应强强))嗯谢谢你.

07　　　　　((回应佳佳))妈妈的 jacket 是不怕水的.

08　　　　( )雨也不大.

　　当身为哥哥的强强,将自己照顾妹妹(佳佳)的表现告诉妈妈后(例2行05),妈妈并没有对强强爱护妹妹的表现做出进一步元语言上的正面评价。在与儿童面对面交流时,这两位妈妈对于孩子正面行为价值的回应,仅一致性地表示了肯定和感谢(例1行08;例2行06),而对建立儿童自信有帮助的正面评价活动(Chao 1995;Miller *et al.* 2002),却没有在互动现场出现。不过,要说海外华人家长对孩子的优异表现总是采用弱化的手段,这也有点言过其实。值得注意的是,借用社会学家 Goffman(1959:107)的观点,在保留伦理秩序的华裔家庭中,父母对儿童的正面评价出现的场合与时机,并不是在类似戏剧的"前台"(front-stage),而是在"后台"(back-stage)或置后:家长对孩子行为的正面评价,会在当事者不在的互动现场出现①。

6.4.1.2　缺乏"前台"赞扬

例3中的强强在回应妈妈对学校外语考试的提问(例3行01—02)时,顺便透露自己在学校优异的表现(例3行03—04)。几个话轮下来,强强(例3行07;09—10)重复表达自己的优异之处,却没有得到妈妈一句赞扬、鼓励的话语。

例3：　Zack小脑袋好使

01　妈：　强强,你们今天上-上课>的时候<

02　　　　考那个::Spani(sh)了吗,

03　强：　((转身走向妈妈))Yea I got 100 percent,然后老师 surprise

04　　　　>因为<.hhh 每次我都没有 fail.

05　妈：　你每个礼拜都考了.

06　　　　两个月了不到.

07　强：　然后我一次没有 fail 一个.

08　妈：　全都对.

09　强：　(没有)错一个.

10　　　　对都-都对了每次.

11　妈：　每次对都.

12　强：　然后 Zack 错一次.

13　妈：　Zack 一共就错一次

14　　　　也错得不多.

15　强：　hm 错了一个错了一个.

16　妈：　啊.

17　　　　(.)

18　妈：　你 Zack 小脑袋也相当好使的.

正如以上例2、例3所共同展现的,假如主要的当事人身处互动舞台的"前台"(Goffman 1959:107),父母对孩子优异的行为表现,仅止于对正面价值

---

①　父母这样的互动策略有另外一层的元语用意识:用一名能力强而不在互动现场的乙儿童作为典范,来塑造、教化这名在互动现场而能力不足的甲儿童(乙往往是甲的哥哥姐姐或年纪较长的邻近社区的朋友)。

的肯定(即表达感谢),对当事人进一步的明确赞扬,在这样的亲子言谈互动中几乎可以说不存在。在笔者看来,这种语言行为充其量只能说,传承了层级文化的父母并没有将"正面行为表现与正面言语评价"在"前台"直接连接的意识。对于孩子出色的表现,父母在"前台"仅会以冷淡的态度处理,不过在互动的"后台"(Goffman 1959:107),父母则完全能够一一细数。从下一个例子中,我们将得知父母迟到的、隐藏的正面评价是如何在当事者的背后出现的。

6.4.1.3　正面评价置后

　　下面的互动实例节录自妈妈与佳佳某天晚上的对话。在母女互动的时候,佳佳的哥哥(即强强)并未在母女互动的现场出现,然而强强却在她们的言谈中成为重要的第三者。

　　例4：　你哥很 nice

01 妈：　　你还想去找一本看吗?

((妈妈与佳佳一同朝书柜走去))

02 佳：　　要啊,

03 妈：　　要啊.

04 佳：　　hmm 我要 pop-up book.

05 妈：　　pop-out 的呀.

06 佳：　　((在书柜前寻找))我要 pop-up.

07 妈：　　pop-up 的呃:=

08 佳：　　=I GOT IT.

09 佳：　　((挑选想要的书))Uh,ei,ei

10 妈：　　uh.

11 妈：　　诶你小心点.

12 佳：　　这个.

13 妈：　　这个呀,有个大狮子这个呀.

14 佳：　　>对呀.<

15 妈：　　你小的时候.

16 　　　　把这个书撕个稀烂来着.

17 佳：　　为啥呀,

18 妈：　　　你小啊,

—互动对话轮删减—

19 佳：　　　[　　　　(　　)　　　　　　]

20 妈：　　　[这现在已经不 pop-up 了.]

21　　　　　都(hhh)被(h)你(h)丢(h)掉(h)了(h).

22　　　　　((选取两本))这两本

23　　　　　可能还能 pop-out 的一点儿.

24 佳：　　　[　　　　(　　)　　　　　　　]

25 妈：　　　[主要是被你给(.)被你给揪掉了.]

((妈妈与佳佳走向客厅另一端))

26　　　　　你哥有的时候看你(.)

27　　　　　在屋里正撕这些书.

28　　　　　你哥进屋开始(.)号啕大哭.

29　　　　　khhehehehe

30 佳：　　　为啥呀.

31 妈：→→　你哥很 ni::c(h)e.

32　　→→　他就心疼书他就哭.

33　　→→　都没上去揍你.

34　　　　　那是他的书. 小的时候.

佳佳对读本提出的要求(例 4 行 04、06),让妈妈回忆起佳佳小时候的顽皮行径:将当时属于哥哥(强强)的图画书给撕毁了(例 4 行 15—16,20—25)。在接下来母女间的言谈中(例 4 行 26—34),妈妈不但对强强"宁可自己伤心也不愿欺负妹妹"这种成熟行为予以肯定,而且使用了正面评价句,将强强归类为懂得伦理的家中成员(例 4 行 31—34)。

妈妈以这样的方式肯定强强的行为(即不做前台赞扬,如例 2、例 3,而仅做后台赞扬,如例 4),在孩子社会化的过程中取得了"一箭双雕"的效果①。其中对强强最深刻的影响,就是不让强强有将自己归类为优秀社会成员的可

---

① 另外一种,是用相对"直接"的方式,将佳佳归类为能力尚未发展完全的弱者。后文将对此做进一步论述。

能性:在与父母面对面互动的机制中,当强强意识到不能对自己做"类属规范活动"时,强强也潜移默化地将自己"类归"为一个弱者(Sacks 1972a,1972b,1992,1995)。在重现"长幼有序"观念的美籍华裔家庭中,父母除了有类似上述的"间接"策略之外,也有下面相对"直接"的语言行为。

6.4.2　聚焦负面表现的教训

父母在互动"前台"对于孩子优异表现的处理方式与父母在回应儿童不良行为表现时所用的方法相比,有着很大的差异。下面的例子体现了一种截然不同的互动参与框架(participation framework)(Goffman 1981)。在互动过程中,孩子的负面行为表现均以最直接最迅速的方式成为当时的主要话题(Givón 1983,1984)。例5互动实例节选自齐齐(在妈妈监督之下)在家中自学并完成作业的过程。这里转写的对话中,齐齐刚完成"依例将空白格子涂上颜色"的部分。

例5:　不要涂出来

01 齐:　　　　好了. okay.

02　　　　　　[((翻页))]

03 妈:　→→　[下次不-]

04　　　→→　((将书本翻回前一页))尽量不要涂出来[听到没.]

05 齐:　　　　((点头))　　　　　　　　　　　　[okay.]

06　　　　　　okay=

07 妈:　→→　((食指指出不当之处))= 看[都已经-]

08 齐:　　　　((点头))　　　　　　　[okay key][key.]((嬉闹地回答着))

09 妈:　→→　　　　　　　　　　　　　　　　　　[这变成]

10　　　→→　((指出涂得不对的格子))什么有三个颜色了吗,

11 妈:　　　　((翻到下一页))

12　　　　　　(0.8)

13 妈:　　　　好 pattern.

齐齐做功课时,妈妈在一旁监督,检查齐齐每一部分完成的结果。在例5中,虽然齐齐已经按照范例,将相对应的格子涂上了相同的颜色,但妈妈并未因齐齐已经完成了这一项目就轻易让他过关。当齐齐自以为完成了任务,正要翻到下一页进行下一项目时(例5行01—02),妈妈用几种互动形式,将自己对齐齐的负面评价表达了出来。随着互动言谈的进行,妈妈对齐齐提出了言语上的警告(例5行03—04),用肢体动作(例5行04、07)明白地将不当之处指出来,而且也表达了对齐齐的作业不满的理由(例5行07、09、10)。虽说妈妈没有明确使用负面字眼,但妈妈在态度和情绪上不认同齐齐表现,在整个互动过程中可以说是直接而明确的。在例6中,另一位妈妈也运用了直接、明确的互动方法,否定了强强完成的几何作业。

例6:　乱七八糟

((妈妈检查强强的作业,强强趴在沙发椅上阅读))

01 妈:　　　强强,妈妈( )觉得你这个作业写得有点儿,

02　　　　　(.)

03 强:　　　((起身走向妈妈))

04 妈:→→　乱七八糟噢.

05 强:　　　((不以为然地发声))hmm.

06 妈:→→　你们同学都写成你这么乱七八糟啊,

07 强:　　　yea 比我的还要(乱七八糟).

—互动对话轮删减—

08 妈:　　　老师教没教你用格尺.

09　　　　　用 ruler 来画图儿,

10 强:　　　((摇[头))]

11 妈:　　　　　[没教,]

12 强:　　　没教.

13 妈:　　　唉那好吧.那就这样吧.

14　　　　　(1.8)

((此后,强强坐到妈妈身旁,听妈妈的教导与演示))

15 妈:　　　妈妈-妈妈跟你说一下哦,

16　　　　　应该用 ruler 来画图.

17　　　　　因为你现在吧(.)你还小.

18　　　　　还没有到那个能用那个笔

19　　　　自己把那个图画得很直的程度.

20　　　　妈妈就跟你举个例子.

21　　　　((从文件夹中拿出一张纸))比如说画一个 cube.

22 妈：　(1.2)((将文件夹放回))

23 妈：　cube 的中文叫正立方体.

24 妈：　(1.2)((将文件夹放回))

25　　　　画一个 cube 怎么画 uh?

26　　　　(1.2)((准备用直尺画直线))

27　　　　标尺作图还要用圆规的.

28　　　　((画直线))这个是已经是最简单的了.

—互动对话轮删减—

29　　　　((向强强展示成品))知道了. 这样画叫作 cube.

30　　　　((指向强强所画的正立方体))你瞧瞧你这 cube 画得.

31　　　　(.)

32 妈：　hhhehehehehh. hh((半嘲讽似的笑))

33　　　　这样呢. 知道啦,

34　　　　((指向强强所画的另一个圆柱体))这个里边儿是用尺画.

35　　　　就好看了.

36　→→　否则的话就就稀巴烂看着>你知道吗. <

从语言社会化(Ochs & Schieffelin 1984; Schieffelin & Ochs 1986a, 1986b)的观点来看,当父母习惯性地弱化正面评价而聚焦于负面评价时,儿童习得到的是他们尚待进步、强化的社会能力与涉世经验。当体现儿童能力不足的情形总被"类归"为他们的"社会归属活动"时,重视伦理秩序的华裔移民父母不但帮助美籍儿童了解自己在家庭社会中所处的地位,而且也塑造着儿童对于这种族裔身份的认定。值得一提的是,当父母对子女的行为做出负面性评价时,他们也会选择"提及不在互动现场"但"能力胜于正被评价的儿童"的第三者,作为强调现场儿童社会能力不足的互动策略。下面的实例中,妈妈与齐齐(例7.1)、佳佳(例8)的互动都是这一模式。

6.4.3　间接暗示孩子能力不足

例 7.1 节录自妈妈开车与齐齐一同由学校返家途中的闲谈。从母子对话间得知,齐齐的姐姐要帮家里做事,如遛狗(例 7.1 行 01—02)、帮弟弟(即齐齐)洗澡(例 7.1 行 08—09)等。但由于今天姐姐不在家(例 7.1 行 01),妈妈试探性地询问齐齐是否也能胜任。在对话中,妈妈选用了大量相对负面的字眼及句式(例 7.1 行 04、06、23、27、29、31)来界定齐齐(家中年纪最小的晚辈)的"类属规范活动"。缺少了能独当一面的姐姐(例 7.1 行 01—02,08—09),齐齐似乎仅是一位凡事无法处理,一切都需依赖他人照料的弱者。

例 7.1：　你会带狗上厕所吗(1)

01 妈：→→　姊姊不在家

02　　　→→　你会带 Doggy 上厕所吗,

03 齐：　　　uh hu:h. 不会.

04 妈：→→　那你会什么.

05 齐：　　　啊:>反正<我会帮(.) thh Doggy 去上厕所吗,

06 妈：→→　它会不会掉到那个嘞(.)鱼池里面呢,

07 齐：　　　我会叫它说((右手做打狗动作)) NO.

08 妈：→→　今天姊姊不在.

09　　　→→　你要自己洗澡啊,

10 齐：　　　uh huh.

11 妈：　　　uh?

12 齐：　　　uh huh.

13 妈：　　　uh huh 是什么.

14 齐：　　　谁会陪我,

15 妈：　　　u:h,

16 齐：　　　谁会陪我.

17 妈：　　　Doggy 好不好?

18 齐：　　　no. 它会尿在我的房间.

19　　　　　(.)

20 齐：　　　先我带 Doggy 去上厕所,

21　　　　　(.)

22 齐：　　 妈妈,

23 妈：→→ 那你就自己洗嘛.

24 齐：　　 我先带 Doggy 去上厕所.

25 妈：　　 算了.我还是我自己带.

26 齐：　　 妈妈,

27 妈：→→ 它如果咬你怎么办.

28 齐：　　 我会-

29 妈：→→ 万一它又咬你怎么办.

30 齐：　　 我会打它.

31 妈：→→ 你就会打它你会干吗

无独有偶,类似的互动模式在另一个家庭的语料中也能找到。例 8 节录自妈妈与佳佳一同阅读图画书的对话。阅读结束后,佳佳表达了对这一读本的厌恶之情(例 8 行 02、06)。对此,妈妈没有采用直接的言语否定佳佳的反应,而是采用了不同的策略,间接让佳佳了解到自我能力的不足(例 8 行 07—14)。

例 8：　我讨厌这个

01 妈：　　 你还想再读一遍吗,

02 佳：→ 　((摇头))不要 I hate this one.

03 妈：　　 不想读啦,

04 　　　 you hatitu(h)啦.

05 　　　 那你把它装到纸袋里好吗,

06 佳：→ 　我越来越 ha:t(hh)e.

07 妈：→→ 可是你读完-把这套书都读完了

08 　　→→ 你就能像你哥一样(.)

09 　　→→ 就看那个-自己看那个(0.8)图画书.

10 　　→→ <先看 picture book.

11 　　→→ 然后再看 chapter book.

12 　　→→ 你哥现在就在看 chapter book 呢.

13 　　→→ 他上 kindergarten 的时候,

14　　→→　也天天要读这个的.

15 佳：　　((将纸袋打开)) (1.0)

16 妈：　　uh,你自己装进来吧.

17　　　　(.)

在妈妈的教导中,哥哥(即例3、4、6中的强强)显然成了佳佳应学习的榜样。相对于哥哥,佳佳的能力仍显不足,这同时也使得佳佳对书本产生的"恨"(例8行02、06)没有了正当性。值得注意的是,在表明佳佳的行为反应不当时,妈妈(与例7.1中的妈妈采用了相同的手段)选择了"哥哥"(而非"强强")这一"社会成员类别"来指称,并将已经发展成熟的现状"类归"为"哥哥"这位前辈的"类属规范活动"。从语言社会化的观点来看,这种语言行为对佳佳(以及例7.1中的齐齐)而言,蕴含了两层社会文化意义:相对于能够胜任高一级社会任务的强者或前辈(父母、兄姐等),后辈(儿童、弟妹等)是能力尚有欠缺的弱者;面对前辈、强者的稳健多才,后辈、幼者应该抱有虚心学习的态度。

6.5　综合讨论

深受儒家传统思想影响的华人社群,往往被归类为一种强调耻感(Schoenhals 1993:192)、附众型(Hsu 1971,1981;Kusserow 2004;Triandis *et al.* 1988)的社会。在典型的耻感、附众型社会中,个人追求自我独立的权力往往会因社会团体的整体福祉而被剥夺(Markus & Kitayama 1991;Tobin *et al.* 1989;Triandis 1995;Triandis *et al.* 1988)。虽然每个人的社会地位会随着时间的增加而改变,但在这样的社会群体中,无论是对上位者还是对下位者,每个人身上都肩负着一定分量的义务或约定俗成的社会责任。由于个人的行为表现不可避免地会受到社会群体舆论的检验,因此,当表现出不为社会所期待的行为时,自己(甚至是所属的团体)也将会遭到众人共同的责备、排挤与背弃,甚至是羞辱。在耻感文化中,"耻"被界定为一种社会大众对于能力不足者的"极度痛苦且无法摆脱"(Fung 1999:182)的心灵层面的惩罚。如要摆脱耻辱,并提升外界对个人的正面观感,只有借助实践道德伦理、履行社会责任、追求专业上的成功等方法(Schoenhals 1993:192)。话虽如此,但在互动频繁的人类社群中，当人人都必须时时面对社会大众时，每个人都或多或少会因自身能力的不足而遭到他人的批评或羞辱。要想完全摆脱耻感惩罚，唯一的办法是，永无止境地跟随前人、强者的脚步。

如果用这个观点来考察下一个例子，我们就能理解，为什么案例中的妈妈（在车中与齐齐结束了"带狗上厕所"以及"齐齐能否自己洗澡"的话题之后，参见例7.1)在与家中最年幼的成员闲聊时，会不断地将这位年幼的孩子做负面的归类(例7.2行45、50、56)。

例7.2：　你会带狗上厕所吗(2)

32	齐	妈妈我看到 heli- he- 一个 helicopter.
33	妈	在哪里.
34	齐	很 far awa::y.
35		(.)
36	妈	你怎么看得到.
37	齐	在(h)-因为我坐在这里啊.
38		(.)
39	齐	hmm (.) 刚好坐在那里，
40	妈	它在干吗.
41		(.)
42	齐	它在防那个坏人.
43		(1.2)
44	齐	它还要[( )]
45	妈 →→	［它在]找你吗.
46	齐	No,它在找 .hh 那个::
47		(0.5)
48	齐	heli-坏人.
49		(2.2)
50	妈 →→	找不乖的小孩子>是不是. <=
51	齐	=No,
52		(0.5)
53		坏人.

54 妈：　　　坏人啊.

55　　　　　（.）

56 妈：→→　那不乖的小孩子怎么办啊.

57　　　　　（1.2）

58 齐：　　　它会打＝

（（车子驶进社区））

59 妈：→→　＝今天中午我看到一个

60　　→→　police 的车（.）在里面.

61　　　　　（0.5）

62 齐：　　　里面哪里,

63　　　　　（.）

64 妈：　　　在我们这边啊>在我们这个<

65　　　　　community 里面啊.

66　　　　　（2.0）

67 妈：→→　他在看哪一家的小朋友

68　　→→　不乖啊,

69　　→→　他一直在检查在找啊.

70　　　　　（1.5）

71 妈：→→　还好你不在家 huh. ＝

72 齐：　　　＝他会用-他（h）-

73　　　　　（.）

74 齐：　　　hah,

75 妈：→→　uh,还好你不在家 huh.

76 齐：　　　谁,

77　　　　　（0.5）

78 妈：　　　你啊.

79　　　　　（0.5）

80　　→→　不然我就会跟 police

810　　→→　>说这边有个<不乖的小孩.

82　　　　　（.）

83	齐：	No.
84		(.)
85	妈：	uh,
86		(.)
87	齐：	No.
88		(1.0)
89	齐：	我会-
90		(1.0)
91	妈：	uh,
92		(.)
93	齐：	u：：：h (.) 我会带-乖乖带 Doggy 去上厕所，
94		(1.0)
95	妈：	还是我自己来吧.
96		(1.2)
97	齐：	No.

为了让弱者(儿童)甚至是整个家族能避免或远离"因个人能力不足而受到外界的批判或羞辱"，长者(父母)在教导后辈(子女)的互动过程中，往往只会关注到或聚焦于儿童尚未发展完全的社会能力。华裔移民父母在习惯性地将不良的社会行为视为孩子的"类属规范活动"的同时，也试图让身处低位的弱者(即儿童)明确地了解到自我能力的不足；当移民父母极力"预防性"地借助与"吓唬"相似的负面手段来告知孩子可能面对的"社会惩罚"时(例 7.2 行 59—60、67—71、75、80—81)，他们同时也给儿童传达了"为强化自身能力而积极做出准备与努力"这种社会责任的重要性。犹如实例中所展示的那样，上述(强化耻感文化教育)思维，不但在东方华人社会中根深蒂固，同时也影响着海外华裔父母与美籍子女的互动模式以及教育子女的方法，尤其在坚守层级伦理观念的移民家庭中。

参考文献

Becker, Judith A. 1994 Pragmatic socialization: Parental input to preschoolers. *Discourse Process* 17: 131－148.

Chao, Ruth K. 1994 Beyond parental control and authoritarian parenting style: Understanding Chinese parenting through the cultural notion of training. *Child Development* 65: 1111 – 1119.

Chao, Ruth K. 1995 Chinese and European-American cultural models of the self reflected in mothers' child-rearing beliefs. *Ethos* 23. 3: 328 – 354.

Chao, Ruth and Tseng, Vivian 2002 Parenting of Asians. In Marc H. Bornstein, ed. , *Handbook of Parenting*: *Social Conditions and Applied Parenting*, 59 – 93. Mahwah: Erlbaum.

Chua, Amy 2011 *Battle Hymn of the Tiger Mother*. New York: Penguin Press.

Fuligni, Andrew J. 1998 Authority, autonomy, and parent-adolescent relationships: A study of adolescents from Mexican, Chinese, Filipino, and European backgrounds. *Developmental Psychology* 34: 782 – 792.

Fung, Heidi 1999 Becoming a moral child: The socialization of shame among young Chinese children. *Ethos* 27. 2: 180 – 209.

Givón, Talmy 1983 Topic continuity in discourse: A quantitative cross-language study. *Typology Studies in Language* (Vol. 3). Amsterdam: John Benjamins.

Givón, Talmy 1984 The pragmatics of referentiality. Paper presented at the Georgetown University Roundtable on Language and Linguistics, Georgetown, D. C.

Gleason, Jean Berko, Perlmann, Rivka Y. and Greif, Esther Blank 1984 What's the magic word: Learning language through politeness routines. *Discourse Processes* 7: 493 – 502.

Goffman, Erving 1959 *The Presentation of Self in Everyday Life*. Garden City, New York: Doubleday.

Goffman, Erving 1967 *Interactional Ritual: Essays in Face to Face Behavior*. Garden City, New York: Doubleday.

Goffman, Erving 1981 Footing. In Erving Goffman, ed. , *Forms of Talk*, 124 – 159. Oxford: Blackwell.

Goodwin, Charles 1986 Between and within: Alternative treatments of continuers and assessments. *Human Studies* 9: 205 – 217.

Goodwin, Charles and Goodwin, Marjorie Harness 1987 Concurrent operations on talk: Notes on the interactive organization of assessments. *IPrA Papers in Pragmatics* 1. 1: 1 - 54.

Goodwin, Charles and Goodwin, Marjorie Harness 1992 Assessments and the construction of context. In Alessandro Duranti and Charles Goodwin, eds. , *Rethinking Context: Language as an Interactive Phenomenon*, 147 - 189. Cambridge: Cambridge University Press.

Goodwin, Charles and Goodwin, Marjorie Harness 2000 Emotion within situated activity. In Nancy Budwig, Ina C. Uzgiris and James V. Wertsch, eds. , *Communication: An Arena of Development*, 33 - 54. Stanford: Ablex Publishing.

Goodwin, Marjorie Harness 1980 Process of mutual monitoring implicated in the production of description sequences. *Sociological Inquiry* 50: 303 - 317.

Hardway, Christina and Fuligni, Andrew J. 2006 Dimensions of family connectedness among adolescents with Chinese, Mexican, and European backgrounds. *Developmental Psychology* 42: 1246 - 1258.

Ho, David Yau-Fai 1986 Chinese patterns of socialization: A critical review. In Michael Harris Bond, ed. , *The Psychology of Chinese People*, 1 - 37. Hong Kong: Oxford University Press.

Ho, David Yau-Fai 1996 Filial piety and its psychological consequences. In Michael Harris Bond, ed. , *The Handbook of Chinese Psychology*, 155 - 165. Hong Kong: Oxford University Press.

Hsu, Francis L. K. 1971 Psychosocial homeostasis and jen: Conceptual tools for advancing psychological anthropology. *American Anthropologist* 73: 23 - 44.

Hsu, Francis L. K. 1981 *Americans and Chinese: Passage to Difference*. Honolulu: University Press of Hawaii.

Kusserow, Adrie 2004 *American Individualisms: Child Rearing and Social Class in Three Neighborhoods*. New York: Palgrave MacMillan.

Lin, Wen-ying and Wang, Chen-wu 1994 Chinese parenting: Strict discipline or maltreatment? *Indigenous Psychological Research in Chinese Societies* 3: 1 - 57.

Markus, Hazel R. and Kitayama, Shinobu 1991 Culture and the self: Implications for cognition, emotion and motivation. *Psychological Review* 98. 2: 224 - 253.

Miller, Peggy J. , Wang, Su-hua, Sandel, Todd and Cho, Grace E. 2002 Self-esteem as folk theory: A comparison of European American and Taiwanese mothers' beliefs. *Parenting: Science and Practice* 2. 3: 209 – 239.

Ochs, Elinor 1988 *Cultural and Language Development.* Cambridge: Cambridge University Press.

Ochs, Elinor 1990 Indexicality and socialization. In James W. Stigler, Richard Shweder and Gilbert Ed Herdt, eds. , *Cultural Psychology: Essays on Comparative Human Development*, 287 – 308. Cambridge: Cambridge University Press.

Ochs, Elinor and Schieffelin, Bambi B. 1984 Language acquisition and socialization: Three developmental stories and their implications. In Richard A. Shweder and Robert A. Le Vin, eds. , *Culture Theory: Essays on Mind, Self and Emotion*, 276 – 320. New York: Cambridge University Press.

Pomerantz, Anita 1984 Agreeing and disagreeing with assessments: Some features of preferred/dispreferred turn shapes. In J. Maxwell Atkinson and John Heritage, eds. , *Structures of Social Action: Studies in Conversation Analysis*, 57 – 101. Cambridge: Cambridge University Press.

Sacks, Harvey 1972a An initial investigation of the usability of conversational materials for doing sociology. In David N. Sudnow, ed. , *Studies in Social Interaction*, 31 – 74. New York: Free Press.

Sacks, Harvey 1972b On the analyzability of stories by children. In John Joseph Gumperz, ed. , *Directions in Sociolinguistics: The Ethnography of Communication*, 325 – 345. New York: Holt, Rinehart and Winston.

Sacks, Harvey 1992 *Lectures on Conversation* (2 volumes), Gail Jefferson, ed. , Oxford: Blackwell.

Sacks, Harvey 1995 The MIR membership categorization device. In Gail Jefferson, ed. , *Lectures on Conversation*, 40 – 48. Cambridge: Blackwell.

Sacks, Harvey, Schegloff, Emanuel A. and Jefferson, Gail 1974 A simplest systematics for the organization of turn-taking in conversation. *Language* 50. 4: 696 – 735.

Schegloff, Emanuel A. 2007a A tutorial on membership categorization. *Journal of*

Pragmatics 39: 462 - 82.

Schegloff, Emanuel A. 2007b Categories in action: Person-reference and member-ship categorization. *Discourse Studies* 9. 4: 433 - 461.

Schieffelin, Bambi B. 1990 *The Give and Take of Everyday Life: Language Social-ization of Kaluli Children*. Cambridge: Cambridge University Press.

Schieffelin, Bambi B. and Ochs, Elinor 1986a Language socialization. *Annual Re-view of Anthropology* 15: 163 - 191.

Schieffelin, Bambi B. and Ochs, Elinor 1986b *Language Socialization across Cul-tures*. Cambridge: Cambridge University Press.

Schoenhals, Martin 1993 *The Paradox of Power in a People's Republic of China Mid-dle School*. Armonk: M. E. Sharpe.

Tobin, Joseph Jay, Wu, David Y. H. and Davidson, Dana H. 1989 *Preschool in Three Cultures: Japan, China, the United States*. New Haven, London: Yale University Press.

Triandis, Harry C. 1995 *Individualism and Collectivism*. New York: Simon and Schuster.

Triandis, Harry. C. , Bontempo, Robert, Villareal, Marcelo J. , Asai, Masaaki and Nydia, Lucca 1988 Individualism and collectivism: Cross-cultural perspectives on self-ingroup relationships. *Journal of Personality and Social Psychology* 54: 323 - 338.

Wu, David Y. H. 1981 Child abuse in Taiwan. In Jill E. Korbin, ed. , *Child Abuse and Neglect: Cross-Cultural Perspectives*, 139 - 165. Berkeley: University of California Press.

Wu, David Y. H. 1996 Chinese childhood socialization. In Michael Harris Bond, ed. , *The Handbook of Chinese Psychology*, 457 - 478. Hong Kong: Oxford University Press.

Zhou, Min 2006 Negotiating culture and ethnicity: Intergenerational relations in Chinese immigrant families in the United States. In Ram Mahalingam, ed. ,

Cultural Psychology of Immigrants, 315 – 336. Mahwah: Lawrence Erlbaum Associates.

Zhou, Min 2009 *Contemporary Chinese America: Immigration, Ethnicity, and Community Transformation*. Philadelphia: Temple University Press.

第七章 华裔汉语继承语使用者语法及语用能力的习得

7.1 引言

根据美国 2010 年人口普查数据,华裔人口已逾四百万(United States Census Bureau 2010),这其中包括来自中国大陆、中国台湾,以及其他汉语使用区的华裔。虽然来自不同地区的华裔移民使用的语言不完全相同,但共同之处是他们都在不同程度上使用汉语作为继承语言。

那么,什么是继承语言和继承语言使用者? 继承语使用者又具备哪些语言能力呢? 学术界最通用的继承语学习者的定义来自 Valdés(2001)。Valdés 把在美国的继承语学习者定义为"在以非英语为家庭语言的环境中长大,能够说或者仅仅能够听懂继承语,在一定程度上使用英语和继承语两种语言的学生"(第 38 页,作者译)。Campbell(2000)大致描述了继承语使用者一些共有的语言特征。他们的语言优势有:"发音和语言流利程度接近继承语母语使用者;能够掌握继承语中 80%到 90%的句法结构;词汇丰富;熟悉继承语内在的文化规范,可以有效地使用继承语"。继承语使用者的语言和文化知识又是不完整的,主要体现在"缺乏继承语的正式语体和复杂语体方面的知识;读写能力薄弱;常常使用非标准的语言变体"。

华裔汉语继承语使用者可以被认为是一个旅居于国外,在社会生活中使用当地官方语言为主要语言,同时在不同程度上使用汉语为家庭和社区语言的群体。研究华裔汉语继承语的发展具有多方面的重要意义。首先,从汉语本体研究的角度上讲,作为汉语的一个重要分支和变体,对汉语继承语的研究有助于我们多方位了解汉语在不同社会文化环境中的演变和与其他语言发生相互作用而产生的变化。其次,华裔继承语的维护又具有重要文化意义。能够使用继承语不仅是华裔所具备的重要语言资源,而且是文化传承的纽带和自我认同感的体现（He 2006）。从语言习得的角度上讲，华裔继承语研究更具有特殊意义，因为继承语习得既是第一语言习得，又是第二语言习得。继承语发展最初是作为第一语言在家庭和社区中展开的，但是在学龄时期受到第二语言的干扰，导致不完全习得（Montrul 2008）。Valdés（2005）提出继承语使用者是"第一语言/第二语言的共同使用者"，他们对两种语言的掌握各有优劣，并在不同的场合和对象下倾向于使用其中一种。汉语继承语尤为特别，其使用者常常习得的是汉语的某种方言，这些学生在学习汉语普通话时无异于是在学习第三种语言。而汉语独特的书写系统也为华裔学生带来额外的挑战，成为继承语习得研究的新课题。

我们首先参照 Valdés（2001）的定义对华裔汉语继承语使用者的群体特征进行描述，然后从历时时间段，即学前阶段、中小学阶段、大学阶段，综述华裔汉语继承语使用者的汉语习得历程，重点放在语法知识方面，同时兼顾与之相关其他方面的语言发展。继而对比 Campbell（2000）对继承语使用者语言能力的描述，讨论华裔汉语继承语使用者的语言特点，最后对汉语继承语的研究和语言维护提出建议，希望能够引起更多研究者关注华裔群体的语言发展，为汉语语言文化在海外的维护和传承尽绵薄之力。需要指出的是，具体社会生活环境的差别会导致迁居不同国家的华裔人口汉语继承语发展呈现出不同的发展轨迹，而目前发表的文献以美国华裔学生为主要研究对象，所以我们主要参考美国方面的文献探讨在美华裔汉语继承语使用者的汉语发展。

7.2　华裔汉语继承语使用者的群体特征

历史上大批中国人移居美国的时期共有三次（Chang 2003）。第一次移民大潮发生在 1849 年前后美国西部淘金热时期，早期移民以来自广东省的农民、渔民为主，粤语是主要语言（Chang 2003）。第二次是从 1949 年到"文化大革命"之间。不同于第一次大潮，这批移民主要是社会上层高级知识分子和富人，其中很多人会讲英语，少数不能讲英语的人则选择在美国各地的中国城安家落户。来自大陆和台湾的移民使用普通话，而来自香港的移民则讲粤语，书写文字皆为繁体字（Chang 2003）。第三次移民大潮发生在 1980 年以后。中美邦交于 1979 年恢复正常后，越来越多的学生学者来到美国深造。到 1990

年为止,已有超过八万学生赴美留学。随着中国经济飞速发展,国力日益强盛和中美关系改善,赴美留学的中国学生人数在最近 20 年内一直有增无减,这些学生来自中国各地但基本都能熟练掌握普通话,使用简体字书写系统。到 2006 年为止,赴美留学的中国大陆的学生已经超过六万名,还有接近三万名来自中国台湾的学生(Chang 2003)。新一代留学生中很多人在完成学业后选择在美国工作、生活,他们的孩子则成为第二代华裔移民,与早期华裔移民的后代一起,构成了我们所说的"华裔汉语继承语使用者"。

然而,对华裔汉语继承语使用者这个群体所使用的语言,却很难做一个简单的界定,这主要源于原不同的话语在发音、语法、词汇方面存在诸多差别,有时候甚至会造成理解上的障碍。一个明显的例子就是中国大陆使用的普通话与中国台湾的"国语"以及新加坡的华语在发音、词汇和用法上不尽相同。而我们所说的汉语书写系统也同时涵盖简体字和繁体字两个系统。目前简体字主要在中国大陆地区和新加坡使用,其他汉语区仍然使用繁体字(Norman 1988)。

这意味着来自不同地区的华裔汉语继承语使用者可能使用不同的汉语口语和书面语形式,并呈现出多样性组合。因为华裔汉语继承语使用者学习汉语的途径主要是家庭和社区中文学校,所以根据他们家庭使用语言和社区学校授课语言的不同,可以大致分为如下几种情况(He 2006,2008)。就家庭使用语言是普通话的华裔学生而言,在社区的中文学校他们或使用与家庭语言相同的书写系统(即在家里和在学校都使用简体字或者繁体字),或使用与家庭语言不同的书写系统(即在家里使用简体字,在学校里使用繁体字,反之亦然),或在家里没有读写活动,全部读写活动都依靠中文学校展开。家庭使用语言不是普通话的华裔学生也同样存在上述三种可能(He 2006,2008)。

由此可见,华裔汉语继承语使用者的汉语能力极其不均衡,并具有鲜明的个体差异。Hendryx(2008)根据其多年与美国华裔大学生的接触,将华裔学生的语言能力归纳为四类。第一类学生能够熟练使用汉语普通话,听说读写能力俱佳;第二类学生能够熟练使用汉语的一种方言但是不能讲普通话;第三类学生具备一定的汉语听说能力,但基本没有读写能力;第四类学生基本没有汉语能力,只会使用几个最基本的词和短语。导致个体差异的原因是多方面的,主要的影响因素包括移民到国外的年龄,家庭的社会经济背景,个人对中国文化的认同感,以及维系继承语的动机(He 2010)。我们将在7.3、7.4对这些影响因素做详细介绍。

7.3　华裔汉语继承语使用者的汉语习得历程

华裔汉语继承语使用者的汉语发展大致可以分为三个阶段:学前阶段、中小学阶段、大学阶段。下面我们将从这三个时间段来探讨华裔汉语继承语使用者的语言发展、减退、又重新发展的历程,以了解这个群体特有的汉语语言语法能力。虽然华裔汉语继承语使用者在大学毕业以后的汉语维持也是一个非常重要的问题,但是目前还基本没有这方面的研究。我们希望以后的研究能够填补这项空白,从而让我们对华裔汉语继承语使用者的语言发展有一个完整的动态的认识。

7.3.1　学前阶段

正式学校教育开始之前,在美华裔儿童的主导语言是继承语,他们在与父母和其他家庭成员的日常生活中自然获取以听说为渠道的语言输入,语言输出也以继承语为主。家庭语言环境在这个阶段的语言发展中起到至关重要的作用,为其汉语发展奠定了基本的但同时又是极其重要的语音意识(phonological awareness)和构词句法意识(morphosyntactic awareness)的基础。尤其是在语音方面,众多研究已经表明继承语使用者有明显优势,与非继承语使用者相比,更有达到母语者水平语音能力的潜力(Oh *et al.* 2002;Knightly *et al.* 2003)。同时,继承使用者幼年的继承语发展与同龄的母语者应该没有太大区别,他们的语法知识仍处于基础阶段,会经常出现语用错误(Montrul 2010)。

研究发现学龄前儿童的语言知识只是其语言体系发展的开始阶段,还远不能达到成年人的语言知识。Jia *et al.*(2002)报道汉语为母语的儿童在9岁到16岁之间是汉语语法知识的飞跃期,即母语发展是到青年时期甚至更晚才完成的,儿童的语法知识是从童年时期到青年时期持续习得的过程(Braine *et al.* 1993)。华裔儿童在学前阶段正处于一个汉语语言体系发展的阶段,而这个过程随着以英语为主的学校教育的开始而受到干扰。

遗憾的是,关于华裔汉语继承语使用者在此阶段的语法知识并没有直接的报道,我们只能从一些相关研究间接了解家庭语言环境对华裔儿童汉语语言发展所产生的影响。Jiang(1997)跟踪报道了一位华裔儿童在短短四年中从只能讲汉语到英汉双语再到以英语为主要语言的发展历程。Ty四岁的时候随父母来到美国,从三岁起他的父母每天教他学习汉字,阅读中文故事,Ty在五岁上学时已经可以认识500多个汉字,能独立阅读儿童书籍,可以用中文给在中国的爷爷奶奶写信,上一年级的时候,他甚至可以用汉语写日记。然而,随着在一年级时英语读写能力的突飞猛进,他在二年级的时候已经丧失了用汉语写日记的能力,很多曾经熟记的汉字也忘记了。

7.3.2　中小学阶段

Ty的双语发展历程代表了很多幼年从中国移民到美国的华裔儿童的经历。美国入学年龄一般是五岁,中小学教育从幼儿园到十二年级,历时十三年。当华裔儿童开始在以英语为主的美国学校受教育时,他们的语言发展会经历一个巨大的变化。在长达十三年的学校教育中,华裔儿童的语言发展可以归纳为"继承语和英语双语并行发展,以英语为主导语言"的阶段。从Ty的经历我们可以看出,在正式教育开始以后,华裔儿童的主导语言从继承语迅速转变为英语,随着在校时间增加,与同龄儿童和外界社会使用英语交流日益频繁,家庭和社区语言环境的影响被极大削弱,其汉语能力也随之停滞不前,甚至出现不同程度不同方面的退化。

Jia(2008)使用问卷调查和语法判断任务(grammaticality judgment task)跟踪研究了纽约市的第一代华裔移民汉语听说读写能力的发展轨迹。研究发现随着英语能力的不断提高,华裔汉语继承语使用者的汉语口语以及读写能力持续下降。与口语能力相比,读写能力起点更低,退化也更为严重,这主要归因于家庭语言环境和社区环境所创造的读写的机会极其贫乏。研究者发现华裔汉语继承语使用者的汉语能力与移民到美国的年龄成正比,与个人的文化认同感成正比,而与家庭收入水平成反比。

Jia & Bayley(2008)同样发现了中小学阶段华裔汉语继承语使用者语法能力退化的趋势。他们研究了五岁到十五岁的36名华裔中小学生对体标志词"了"的掌握情况,使用看图片讲故事、动词多项选择、看图选词填空三项任务发现受试在绝大多数必须使用"了"的情况下能够恰当使用"了",而在"了"可有可无的情况下,受试选择省略使用"了"。第一个和第二个任务的完成情况表明受试对"了"的使用呈现出随年龄增长而退化的趋势,而第三个任务呈现相反的趋势。研究者还发现出生地和家庭语言的使用是两个重要的变量。在中国出生的华裔汉语继承语使用者的表现优于在美国出生的华裔汉语继承语使用者,家庭语言是汉语的学生使用"了"的准确程度优于家庭语言是英语的学生。

另一方面,研究者发现虽然华裔汉语继承语使用者进入小学接受主流的英语教育以后,处于一个对其汉语发展非常不利的语言环境中,然而即使是在这样的条件下,有限的家庭语言输入和社区中文学校的读写训练仍然对其汉语能力的维持起到了一定的作用。Koda et al. (2008)研究了社区中文学校的华裔小学生在汉字构字意识方面的发展,他们的研究表明华裔儿童在社区中文学校获得的汉字输入量非常有限,只有母语环境儿童的36%,在这样有限的输入条件下,学生很难形成利用偏旁部首来独立识别和学习汉字的能力,因此他们的汉字构字意识在相当长的一段时期内处于初级水平。而另一方面,社区中文学校教授的汉字多为汉字中最常见的形声字类型,从而能够帮助学生形成基本的汉字构字意识,为将来重新学习汉语继承语打下良好基础。

Lü(2011)通过分析三到十二年级的华裔中小学生所写的叙述文来研究他们的汉语词汇能力。她发现华裔汉语继承语使用者作文的长度、使用词汇的多样性和词汇难度随年级的增长而呈显著增长趋势,具体表现在高年级的学生使用了更多不同的词和更多的低频词。她还发现六年级到十二年级的学生在词汇难度上没有显著差异,表明中高年级的华裔汉语继承语使用者在词汇习得上可能出现了平台效应(plateau effect)。Lü 文同时探讨了写作中的词汇因素是否会影响母语者对写作质量的评估,结果发现12名汉语母语者对其中30篇文章的评估并没有与学生的年级呈正比,相反低年级学生的作文得分更高,长度更长的作文得分也更高。Lü 认为这可能由"光圈效应"导致,即评分人对某一特征形成一定印象后,会把这种印象带到对其他事物的判断中,从而做出类似结论的判断。另一种可能是由于缺乏相关训练,评分人不能够准确依照评分标准做出评判。我们认为这样的结果恰恰可以说明中高年级的华裔汉语继承语使用者所写作文没有达到母语者所认可的可以做出质的区分的程度,虽然他们写的文章长度增加了,但写作水平或许没有本质的提高。

Lü & Koda(2011)在另一项研究中探讨了家庭语言环境对华裔儿童早期语言能力的影响。37名一、二年级的华裔儿童分别进行了口语词汇知识测试、语音意识测试、单词命名测试。35名儿童的家长填写了家庭语言使用情况问卷。研究发现家庭中汉语的使用和汉语读写活动对儿童的读写能力,尤其是口语词汇知识,起到积极作用,但是这种作用并没有达到统计意义上的显著性。

除了直接研究华裔中小学生的汉语语法和语言能力以外,另一种研究思路则是通过分析这些学生身处的语言和文化环境,尤其是从具体话语中了解他们如何与其他的汉语母语者进行交流和意义协商。He(2005)研究了华裔中小学生在社区中文学校的课堂上与中文教师之间的话语模式。材料包括对4名老师和4名学生在中文课堂上的大约30个小时的录像,研究者的课堂观察,以及研究者对家长、老师、学校管理人员的采访。He文聚焦中文教师如何处理两个课堂纪律问题:阻止学生不合适的课堂行为以及忽略学生不合适的提问。研究发现中文教师在阻止学生的课堂行为时,常常使用"引起注意-评价-命令"的模式,并使用"应该、一定、要"等情态动词表达,同时进行体现中国文化的伦理说教,而当学生对老师提出质疑或者做出老师认为不符合课堂话语的评论时,老师常用的处理方法是对其进行制止或者忽略。He最后指出社区学校的教师不仅要考虑所教授的知识内容,而且要考虑授课的形式。中国文化中尊重别人是一个重要的内容,那么在教学中教师应该对学生持有尊重的态度,给学生发表个人见解、与老师展开讨论的机会。可想而知,华裔学生在中文学校接受的话语模式会与他们在主流公立学校接受的模式不同,日积月累,这将给对他们的认知和文化体验带来长远的影响。

7.3.3 大学阶段

大学阶段是很多华裔汉语继承语使用者文化认同感崛起的阶段。在进入大学以后,华裔汉语继承语使用者重新认识他们与继承文化和继承语的关系,希望重续这种纽带和联系,因而主动选择重新或继续学习继承语,而其不完善的汉语系统在经历了长时间的停滞不前甚至退化以后,也开始重新发展。然而,我们并不完全了解这个阶段华裔汉语继承语使用者的汉语语言体系,对具体语法项目的认识甚至非常欠缺(Zhang 2014;Xiang 2016),只能通过为数不多的几项研究管窥华裔汉语继承语使用者在大学阶段所发展的汉语语法系统。需要指出的是,如前所述,华裔汉语继承语使用者的个体差异极其显著,所以目前发表的研究只能代表某些华裔汉语继承语使用者的能力,不能简单地将这些研究发现泛化到每一个华裔汉语继承语使用者身上。

　　研究发现,华裔汉语继承语使用者具备潜在的汉语语法直觉(implicit grammar intuition),但他们潜在的语法知识与母语使用者相比是一个未经完全发展的体系。Ming & Tao(2008)基于一项华裔汉语继承语使用者作文语料库来研究这个群体对体标志词"了"的语法知识。语料包括128篇大学一年级的华裔汉语继承语使用者在课堂上完成的作文。在1217个应该使用"了"的用例中,使用错误的用例有184个,错误率为15.1%,其中过多使用"了"的比例是3.8%,应该使用而未使用的比例是11.3%。也就是说华裔大学生在"了"的使用上主要错误类型是在应该使用"了"的情况下而未使用。Ming & Tao(2008)进一步对比华裔大学生与非华裔大学生,发现华裔大学生过多使用"了"所占的比例很小,这说明他们已在家庭环境中习得了一定的汉语语法知识,能够避免把体标志词"了"当作过去时态标志词的错误。研究还发现这些华裔学生对"了"的掌握与高级阶段非华裔汉语继承语使用者类似。由此可见,华裔学生和非华裔学生在"了"的使用上有不同的特点,在教学中应该区别对待。

　　Xiao(2004)调查了初、中、高级华裔大学生的汉语句法发展。研究中54名华裔大学生进行了语法判断任务(grammaticality judgment tasks)和英译中翻译任务。华裔学生在语法判断任务中的准确率优于同年级的非华裔学生,初、中、高级学生分别为61.72%,63.89%和70.77%。翻译句子的准确率也高于非华裔学生,在所有考察的句子结构中,初、中、高级的华裔学生的准确率分别为84.32%,90.19%和97.67%。

　　Zhang(2014)探索了大学一年级华裔汉语继承语使用者对由关联词(例如,不是……而是……,既……也……,一……就……)引导的汉语复合句的隐性知识(implicit knowledge)。在同一所大学就读的三名大学一年级的华裔汉语继承语使用者、三名完成了四个学期大学汉语课程的非华裔汉语继承语使用者、三名不同年龄阶段的母语者接受了语法判断任务。她的研究表明华裔汉语继承语使用者能够正确理解大多数复合句,对汉语复合句已经形成内在的知识。他们对由关联词引导的复合句的掌握接近受过两年大学汉语教育的非华裔汉语继承语使用者的水平,跟母语小学生的表现也有相似之处。但是,华裔汉语继承语使用者的关联词知识并不全面,他们能很好地掌握他们熟悉的关联词,而在表示顺序的关联词上出错较多,这可能是由于华裔汉语继承语使用者开始接受英语教育时还没有获取相应的输入。华裔汉语继承语使用者常常不能发现缺失的关联词语,我们认为这些错误可能是受英语影响的结果,因为英语中连接复合句的关联词语常常只需出现在一个从句中,而汉语的关联词语则往往成对出现。Zhang(2014)最后指出关联词语的使用和复合句的产出是华裔汉语继承语使用者的一大弱点,应该作为华裔汉语教学的一个重点。教师应该了解学生对具体关联词的掌握情况,并对学生掌握薄弱的关联词进行有针对性的教学。

华裔汉语继承语使用者的一个显著特点是中英文转换(code-switching)。Li & Wu(2008),Li(2011)和 He(2013)通过对这种特殊语言使用现象的细致描述和分析表明中英文转换使用不是语言能力匮乏的表现,而是双语使用者自由调用他们拥有的两种语言资源的产物,对中英文转换的研究为我们了解华裔学生的汉语语法知识提供了丰富素材。He(2013)对从 4.5 岁到 22 岁三组不同年龄段的华裔汉语继承语使用者在社区中文学校、家中以及大学课堂的表现进行了录音录像,使用会话分析(Conversation Analysis)的研究方法发现处于不同年龄的华裔汉语继承语使用者在不同的场合、针对不同的对话对象产出了多种类型的中英文转换的语言使用。第一类是对话人用汉语,华裔继承语使用者用英文回答。第二类是中英文语句中穿插使用另一种语言中的词汇、音素、语法标记词、黏着语素等。穿插词汇的例子有:“我已经 check 好了”“You wanna 看 it?”。插入英语语法词和黏着语素的例子有:“I would've查::-ed(得)出来的”“Yeah,we're looking for the 八-th person”“我在抄-ING,o[kay?]”。第三类是同样的意思在一句话中用中文和英文各表达一遍。例如,一个学生说:但是(.2)howe;ver(.)你-你还是(.2)still(.)。从 He(2013)文中大量中英文转换的实例可以看出虽然大多数华裔汉语继承语使用者没有接受过正式的汉语语法教学,但是他们可以较为准确地掌握汉语词语的词性以及语法功能词的使用规则。He(2013)由此得出结论:汉语继承语是一个自组织、有创造性、实时发生、不可提前预测的复杂的语言系统。华裔汉语继承语使用者能够根据表意需求随时调用他们拥有的两种语言资源,进行双语语言行为(multi-performance)。Li & Wu(2008)和 Li(2011)通过分析在英国的华裔汉语继承语使用者的语言使用表明华裔汉语继承语使用者在使用中英文两种语言的过程中展现了创造力、自主性,而这种极富特点的语言表达方式给他们带来强烈的自我认同和满足感,使之能够在两种文化之间自由穿梭。

　　与具体的语法项目相比,我们对华裔汉语继承语使用者听、说、读、写分项技能的了解相对多一些。Xiao(2006)使用听力阅读考试、写作等任务对比了华裔汉语继承语使用者群体和非华裔汉语继承语使用者群体的分项语言能力,发现华裔汉语继承语使用者在口语、写作、听力和语法项目上与同年级的非华裔汉语继承语使用者相比都具有显著优势,而在词汇、汉字书写、阅读方面没有优势。Ke(1998)报道华裔汉语继承语使用者在学习汉字方面与非华裔汉语继承语使用者相比没有优势。

　　华裔汉语继承语使用者在写作方面没有优势的事实最近得到了外语学习焦虑研究的证实。Xiao & Wong(2014)使用焦虑调查表发现华裔汉语继承语使用者在写作方面的焦虑是最严重的。华裔汉语继承语使用者对写作的焦虑又细分为对写作过程、文本组织、调用相关语言知识和自我认同感等方面的内容,这些因素在不同程度上都会引发华裔汉语继承语使用者对写作活动的焦虑感,而学生最常用的对策则是避免策略,也就是对拿不准的内容避而不谈,对不熟悉的汉字避而不用。Luo(2013,2015)也发现华裔学生在读写方面的焦虑比在听说方面的大。语言背景和继承语语言水平是导致焦虑的重要因素:有继承语背景的学生焦虑程度比没有继承语背景的学生低,继承语语言水平越高焦虑水平越低。这说明随着认识汉语文化和学习汉语过程的重新启动,华裔汉语继承语使用者的自信也随之增强。

　　由于汉语书面语和口语双重系统的存在,基本上可以说现代汉语的书面语和口语是两个互相独立的系统。汉语书面语的词语选择以言简意赅、文言词语使用、四字成语使用为其主要特点。语篇组织以零指称、话题链为主要特征。而华裔汉语继承语使用者的汉语学习主要来自家庭环境,以非正式语体的口语交流为主要内容,因此汉语书面写作对华裔汉语继承语使用者而言是一个很大的挑战,他们需要专门学习书面语体的一些典型特征。Xiao(2010)考察了大学中文初级水平的两位华裔学生在两个学期内的写作文本,发现这个群体的学生写的句子以简单句为主,句法结构松散,缺乏母语者普遍使用的各种篇章连接方式,比如零代词和关系子句。Xiao(2010)认为这是受到英语语篇特征的影响。华裔汉语继承语使用者所使用的关联词局限于课本上学习过的结构。井茁(2011)考察了大学高年级的在中国出生的华裔学生、美国出生的华裔学生、非华裔学生在写作中使用的指代策略,发现零指代和代词使用策略受到学生语言经历的影响,在中国出生的华裔汉语继承语使用者的指代策略更接近汉语母语者,美国出生的华裔汉语使用者处于中间,而非华裔汉语使用者最接近英语母语者。

Gao(2014)对比了高级水平的华裔学生和非华裔学生的作文能力。研究者收集了就读于美国一所知名大学四年级中文班的10名华裔学生和10名非华裔学生所作的一篇命题记叙文,对每篇文章在总体印象、内容、组织安排、语法、词汇方面分别进行评分,然后请三位有汉语教学经验的教师判断每篇文章是由华裔还是由非华裔学生所作。结果表明,高级水平的华裔学生在各项指标上均超过非华裔学生,最不明显的差异体现在词汇选择方面,表明华裔学生在词汇方面也同样需要加强。80%的华裔学生能够被准确判断为华裔背景,而70%非华裔学生被判断为不确定。Gao(2014)总结高级阶段华裔学生的写作特点为:准确、流畅、接近母语者的语言使用;使用课本上没有的地道表达形式;选词恰当;段与段之间衔接流畅,段内结构清晰。Gao认为华裔学生因为自幼生长在汉语的家庭环境中,所以对日常用语和记叙文的叙事方式已经积累了丰富的内在知识,所以在记叙文写作上更能体现出继承语背景的优势。

研究还发现华裔汉语继承语使用者的书面语写作出现口语化倾向。Zhang(2012)分析了600多篇大学一年级华裔汉语继承语使用者的写作语料,发现华裔汉语继承语使用者最常使用"觉得、知道、想、希望"等动词来表达个人观点,呈现明显口语化倾向,而这种直接表达个人观点的方式也体现出华裔汉语继承语使用者受到较强英语思维的影响。

7.4　如何理解华裔汉语继承语使用者的汉语语言能力？

让我们再次回顾 Campbell(2000)对继承语使用者的语言特征的概括(表1的左栏)。对照上一节我们对华裔汉语继承语使用者的介绍,可以看出 Campbell 的总结并不完全对应华裔汉语继承语使用者。下面我们将一一做出说明。

表1:华裔汉语继承语使用者的汉语语言能力一览表

		Campbell(2000)	华裔汉语继承语使用者
继承语使用者的长处	1	发音和语言流利程度接近继承语母语者	?
	2	能够掌握继承语中 80%到 90%的句法结构	部分正确
	3	词汇丰富	部分正确
	4	熟悉继承语内在的文化规范,可以有效地使用继承语	?
继承语使用者的不足	5	缺乏继承语的正式语体和复杂语体方面的知识	√
	6	读写能力薄弱	√
	7	常常使用非标准的语言变体	√
其他特点	8		中英文转换使用
	9		长期动态的发展过程

第一条,目前还没有直接研究来印证。根据我们的个人观察和经验,虽然华裔儿童入学前在家庭语言环境的熏陶下奠定了良好的汉语语音基础,但是当进入小学,英语成为主导语言以后,其汉语发音和流利程度也不可避免地经历不同程度的衰退,他们会自然产生一种所谓的"洋腔洋调",口语的流利程度也会下降。而这种"洋腔洋调"既不是从家庭语言输入而来,也不完全等同于非华裔汉语继承语使用者的"洋腔洋调",而是双语发展,尤其是一种语言被第二种习得语言干扰后而产生的结果,所以并不能简单地认为华裔继承语使用者的汉语发音和流利程度趋近于母语者。

第二条,Ming & Tao(2008)和 Zhang(2014)对具体语法项目的考察表明,虽然华裔汉语继承语使用者的语法知识比非华裔有优势,但是80%到90%的估计可能偏高,而且华裔学生未能掌握的语法规则也与非华裔学生存在质的区别。鉴于目前对华裔学生语法项目的研究非常有限,我们期待更多更系统的研究提供多方面的证据来准确回答这一问题。

第三条,华裔汉语继承语使用者对词汇的掌握似乎并不符合 Campbell(2000)的描述。Lü(2011)发现虽然中小学阶段的华裔学生词汇量和难度都有所增长,但这种增长没有体现显著差异,反而出现了平台效应。Gao(2014)进一步表明虽然与非华裔学生相比有一定的优势,但词汇也是华裔学生最需要加强的一个方面。

第四条目前还没有直接研究印证。Campbell(2000)对继承使用者不足之处的描述在华裔学生群体中基本上都得到了证实。研究发现华裔学生基本没有汉语书面语体、正式语体方面的知识,大多数华裔学生的读写能力薄弱。与其他语言的继承语使用者相比,华裔学生在这方面更不具优势,因为以字母为基础的语言能够把听说能力中培养的语音语素知识转化到读写活动中去,而汉语是以汉字为书写系统,不能从听说输入中自然习得,必须通过系统学习而获得,因此在读写方面,华裔学生与非华裔学生的起点基本是一致的。因为华裔学生中有众多不同汉语方言的使用者,所以第七条对非标准语言变体使用的描述也符合华裔学生的情况。

根据上一节的文献综述,我们对 Campbell(2000)做两点补充。第一,华裔学生的中英文转换不是语言能力的不足而是创造性使用语言和调用语言资源的表现。第二,华裔学生的继承语习得是一个长期的动态发展的过程,他们会

经历进步期、停滞期、退化期、重新学习的时期(Xiao 2008),而最终的继承语
成就如何又因人而异。

华裔汉语使用者的继承语发展和维护受到多方面社会文化因素的影响。
He(2010)的一篇重要的综述文章全面地归纳了诸多影响因素。发展心理学
和社会语言学的一个主要的研究方法是相关性研究(correlational studies)。这
一派的研究者把继承语当作自变量(independent variable),对影响继承语的发
展的相关因素做了系统考察,发现影响因素包括社会因素,家庭教育背景,家
庭或社区内鼓励的读写活动,人际交往圈,等等。具体而言,又与出生地,移民
到国外的年龄,社会经济地位,个人对中国文化的认同感,维系继承语的动机
类型等有关。建构派(social constructivist studies)则把继承语当作因变量(in-
dependent variable)来研究,这一派的研究者认为继承语使用者在具体的时间、
场合与当下场景中的对话人共同建构其个人身份(identity),也就是说继承语
使用者的种族、民族、社会地位、职业,以及语言能力都是在具体的社会交际中
所定义的,而脱离具体语境去讨论继承语使用是没有意义的。建构派认为继
承语文化是复杂的,发展的,跨越国界、文化和语言的混合体,所以掌握一种继
承语不仅意味着掌握其语音、词汇、句法形式,而且要能够理解并接受不断演
变的文化模式和取向,并能在纷繁变化的语境中自然应对(Polinsky & Kagan
2007,转引自 He 2010,作者译)。所以,继承语学习可以被视为在各种各样的
交际活动中不断地习得中文和英文的语言形式和功能,并为其所用的过程
(He 2006)。而在这个跨越时间和空间的漫长过程中,继承语学习者的个人
认同感和维系继承语的动机也在时时刻刻发生着变化。尤为显著的是在中小
学阶段,继承语使用者出于强烈的融入主流文化社会的意向往往对继承语不
感兴趣甚至有厌恶之情,而到了大学阶段,继承语使用者接触到多元文化,重
新认识自己的文化根源,或是出于将来就业的需要而对继承语重燃兴趣。

7.5　结语

本章综述了美国的华裔汉语继承语使用者的汉语语法和语用能力的习得
历程。可以看出我们对这个群体的继承语语言能力,尤其是对其语法知识的
了解还极其有限(Zhang 2014;Xiang 2016),需要更系统地研究华裔汉语继承

语使用者的汉语能力。我们认为语料库研究将是一个非常有前途的研究方法。Ming & Tao(2008)报道了他们正在建设的首个华裔学生作文语料库。这项语料库收集了 2006 年到 2007 年在美国西岸一所大学一年级华裔学生所作的课堂和课外作文,共有 1000 多篇作文,20 多万汉字,涵盖记叙文、议论文、描写文等多种文体。研究者自行开发了拥有 10 大类别,36 个小类别的错误标记系统。目前该语料库已完成词性分类,部分语料也已进行错误标记。Ming & Tao(2008)对体标志语"了"的研究初步证明这项语料库在发掘华裔学生内在语法知识方面具有巨大潜力。Xiao(2010) 和井苗(2011) 分别使用他们收集的小型作文语料库在这方面取得了重要的研究成果,加深了我们对华裔汉语继承语使用者的语法知识的了解。我们认为语料库的建设将对华裔背景学生的研究起到重要的基石作用。语料库需要有计划成系统地收集不同年龄阶段、不同技能(写作和口语)、涉及不同环境场合(课堂上,学校里,家里)和对话人(师生之间,朋友之间,家长和孩子之间)的华裔学生的语料,并研究华裔汉语继承语使用者随着年龄增长的语言发展过程。作为一种更加科学严谨的研究方法,结合实证研究的语料库研究必定会为全面地系统地了解华裔汉语继承语使用者的语言使用做出重要的贡献(Zhang & Tao 2018)。

　　将来的研究应该全面了解华裔汉语继承语使用者的需求,多方面多层次地支持华裔汉语继承语使用者的语言发展。美国视继承语使用者为国家资源,而对于华裔汉语继承语使用者个人而言,维持汉语是加强个人认同感和追溯文化源流的重要途径,然而现在的社区中文学校还不能有效地支撑汉语继承语的学习,所以需要通过更多渠道增强汉语教学的力度。随着近几年"汉语热"在全球的兴起,美国很多州出现了中小学中英文双语教学课堂和中文沉浸式教学项目(Peng 2016),比较有名的是俄勒冈州的汉语中小学一条龙旗舰项目、犹他州的汉语中小学沉浸项目,以及明尼苏达州的英华中文沉浸式学校。我们期望看到在美国更广泛的地区设立类似的中英文双语教学项目,这必将大大有助于华裔学生继承语的维持。

　　大学阶段是华裔汉语继承语使用者重新学习汉语发展新的自我认同感的关键阶段,然而众多研究表明目前美国大学的中文课程设置和教材仍无法满足华裔汉语继承语使用者的需求(Tao 2006;He & Xiao 2008;Xiang 2016)。Xiang(2016)详细阐述了目前大学阶段华裔汉语教学中存在的诸多问题,在此就不再——赘述。我们特别认同的是大学的中文项目在条件允许的情况下应该设立单独的华裔学生中文班,因为华裔学生的知识、需求和非华裔学生存在质的区别,只有设立单独的华裔学生中文班,才能更好地满足这个群体的需求。另外,美国现在还没有专门针对华裔学生的教材。Zhang(2014)提出目前华裔学生使用的教材不尽如人意,没有在他们的已有知识和未知知识之间搭建桥梁。我们希望随着对华裔学生语言能力的深入了解,能够开发与之配套的教材,更好地满足华裔学生群体的需求。

最后,在过去的十几年中,中国为汉语汉字文化的对外输出做出了巨大的贡献,也取得了累累硕果。在世界各地兴办的孔子学院作为一项重要的文化输出项目,为中国文化在全球的普及起到了重要的作用(Li & Wang 2016),但是目前各地的孔子学院并没有设立专门针对华裔继承语使用者的项目。我们希望孔子学院和相关的汉语言文化传播项目能够把华裔继承语使用者列在其计划中,为汉语语言文化在海外的传承添砖加瓦。

参考文献

井茁 2011 高年级汉语习作中零指代使用的跨语言背景比较,载《世界汉语教学》第 2 期。

Braine, Martin D. S., Brooks, Patricia J., Cowan, Nelson, Samuels, Mark and Tamis-LeMonda, Catherine 1993 The development of categories at the semantics/syntax interface. *Cognitive Development* 8: 465 – 494.

Campbell, Russell 2000 Heritage language. In J. W. Rosenthal, ed., *Handbook of Undergraduate Second Language Education*, 1 6 5 – 1 8 4. Mahwah: Lawrence Erlbaum.

Chang, Iris 2003 *The Chinese in America*. New York: The Penguin Group.

Gao, Binnan 2014 Comparison between advanced-level Chinese heritage and non-heritage learners' narrative writing. In Nan Jiang, ed., *Advances in Chinese as a Second Language: Acquisition and Processing*, 77 – 102. Cambridge: Cambridge Scholars Publishing.

He, Agnes Weiyun 2005 Discipline, directives, and deletions: Grammar and interaction in Chinese heritage language classes. In Christine Holten and Jan

Frodesen, eds., *The Power of Context in Language Teaching and Learning: A Festschrift for Marianne Celce-Murcia*, 115 – 126. Boston: Thomson Heinle.

He, Agnes Weiyun 2006 Toward an identity theory of the development of Chinese as a heritage language. *Heritage Language Journal* 4. 1: 1 – 28.

He, Agnes Weiyun 2008 Chinese as a heritage language: An introduction. In Agnes Weiyun He and Yun Xiao, eds., *Chinese as a Heritage Language: Fostering Rooted World Citizenry*, 1 – 12. Honolulu: University of Hawai'i at Mānoa, National Foreign Language Resource Center.

He, Agnes Weiyun 2010 The heart of heritage: Sociocultural dimensions of heritage language learning. *Annual Review of Applied Linguistics* 30: 66 – 82.

He, Agnes Weiyun 2013 The wor(l)d is a collage: Multi-performance by Chinese heritage language speakers. *Modern Language Journal* 97: 304 – 317.

He, Agnes Weiyun and Xiao, Yun., eds., 2008 *Chinese as a Heritage Language: Fostering Rooted World Citizenry*. Honolulu: University of Hawai'i at Mānoa, National Foreign Language Resource Center.

Hendryx, Jason D. 2008 The Chinese heritage language learners' existing linguistic knowledge and abilities. In Agnes Weiyun He and Yun Xiao, eds., *Chinese as a Heritage Language: Fostering Rooted World Citizenry*, 53 – 66. Honolulu: University of Hawai'i at Mānoa, National Foreign Language Resource Center.

Jia, Gisela 2008 Heritage language development, maintenance, and attrition among recent Chinese immigrants in New York City. In Agnes Weiyun He and Yun Xiao, eds., *Chinese as a Heritage Language: Fostering Rooted World Citizenry*, 189 – 204. Honolulu: University of Hawai'i at Mānoa, National Foreign Language Resource Center.

Jia, Gisela, Aaronson, Doris and Wu, Yanhong 2002 Long-term language attainment of bilingual immigrants: Predictive factors and language group differences. *Applied Psycholinguistics* 23: 599 – 621.

Jia, Li and Bayley, Robert 2008 The (re)acquisition of perfective aspect marking by Chinese heritage language learners. In Agnes Weiyun He and Yun Xiao,

eds., *Chinese as a Heritage Language: Fostering Rooted World Citizenry*, 205 –
224. Honolulu: University of Hawai'i at Mānoa, National Foreign Language
Resource Center.

Jiang, Nan 1997 Early biliteracy: Ty's story. In Denny Taylor, Debbie Coughlin
and Joanna Marasco, eds., *Teaching and Advocacy*, 143 – 154. York, ME:
Stenhouse.

Ke, Chuanren 1998 Effects of language background on the learning of Chinese char-
acters among foreign language students. *Foreign Language Annals* 31:
91 – 100.

Knightly, Leah M., Jun, Sun-Ah, Oh, Janet S. and Au, Terry Kit-fong 2003 Pro-
duction benefits of childhood overhearing. *The Journal of the Acoustical Society
of America* 114. 1: 465 – 474.

Koda, Keiko, Lü, Chan and Zhang, Yanhui 2008 Effects of print input on morpho-
logical awareness among Chinese heritage language learners. In Agnes Weiyun
He and Yun Xiao, eds., *Chinese as a Heritage Language: Fostering Rooted
World Citizenry*, 125 – 135. Honolulu: University of Hawai'i at Mānoa, Na-
tional Foreign Language Resource Center.

Li, Shuai and Wang, Jianqin 2016 Chinese government policies and initiatives on
the international popularization of Chinese: An economics of language perspec-
tive. In Jiening Ruan, Jie Zhang and Cynthia B. Leung, eds., *Chinese Lan-
guage Education in the United States*, 29 – 45. Switzerland: Springer.

Li, Wei 2011 Moment analysis and translanguaging space: Discursive construction
of identities by multilingual Chinese youth in Britain. *Journal of Pragmatics*
43. 5: 1222 – 1235.

Li, Wei and Wu, C. -J. 2008 Code-switching: Ideologies and practices. In Agnes
Weiyun He and Yun Xiao, eds., *Chinese as a Heritage Language: Fostering
Rooted World Citizenry*, 225 – 238. Honolulu: University of Hawai'i at Mānoa,
National Foreign Language Resource Center.

Luo, Han 2013 Chinese language learning anxiety and its associated factors. *Journal
of the Chinese Language Teachers Association* 48. 2: 109 – 133.

Luo, Han 2015 Chinese language learning anxiety: A study of heritage learners. *Heritage Language Journal* 12. 1: 22 – 47.

Lü, Chan 2011 Lexical proficiency and quality of compositions: The case of school age Chinese heritage language (CHL) learners. *Journal of the Chinese Language Teachers Association* 46: 61 – 84.

Lü, Chan and Koda, Keiko 2011 The impact of home language and literacy support on English-Chinese biliteracy acquisition among Chinese heritage language learners. *Heritage Language Journal* 8: 44 – 80.

Ming, Tao and Tao, Hongyin 2008 Developing a Chinese heritage language corpus: Issues and a preliminary report. In Agnes Weiyun He and Yun Xiao, eds. , *Chinese as a Heritage Language: Fostering Rooted World Citizenry*, 167 – 188. Honolulu: University of Hawai'i at Mānoa, National Foreign Language Resource Center.

Montrul, Silvina A. 2008 *Incomplete Acquisition in Bilingualism: Re-examining the Age Factor*. Amsterdam/Philadelphia: John Benjamins Publishing Company.

Montrul, Silvina A. 2010 How similar are adult second language learners and Spanish heritage speakers? Spanish clinics and word order. *Applied Psycholinguistics* 31. 1: 167 – 207.

Norman, Jerry 1988 *Chinese*. Cambridge: Cambridge University Press.

Oh, Janet S. , Au, Terry Kit-fong and Jun, Sun-Ah 2002 Benefits of childhood language experience for adult L2-learners' phonology. *Proceedings of the Annual Boston University Conference on Language Development* 26. 2: 464 – 472.

Peng, Ke 2016 Chinese as a foreign language in K-12 education. In Jie Ruan, Jie Zhang and Cynthia B. Leung, eds. , *Chinese Language Education in the United States*, 123 – 140. Switzerland: Springer.

Polinsky, M. and Kagan, O. 2007 Heritage languages: In the "wild" and in the classroom. *Languages and Linguistics Compass* 1: 368 – 395.

Ruan, Jiening, Zhang, Jie and Leung, Cynthia B. , eds. , 2016 *Chinese Language Education in the United States*. Switzerland: Springer.

Tao, Hongyin. , ed. , 2006 Special issue on Chinese as a heritage language. *The*

Heritage Language Journal 4. 1.

United States Census Bureau 2010 Census special tabulation. Retrieved from http://www. census. gov/prod/cen2010/briefs/c2010br-11. pdf.

Valdés, Gaudalupe 2001 Heritage language students: Profiles and possibilities. In Joy K. Peyton and Scott McGinnis, eds. , *Heritage Languages in America: Blueprint for the Future*, 37 – 77. Washington, DC & McHenry, IL: Center for Applied Linguistics and Delta Systems.

Valdés, Gaudalupe 2005 Bilingualism, heritage language learners, and SLA research: Opportunities lost or seized? *The Modern Language Journal* 89. iii: 410 – 426.

Xiang, Xuehua 2016 The teaching of Chinese for heritage language learners at the post-secondary level. In Jiening Ruan, Jie Zhang and Cynthia B. Leung, eds. , *Chinese Language Education in the United States*, 167 – 194. Switzerland: Springer.

Xiao, Yang and Wong, Ka F. 2014 Exploring heritage language anxiety: A study of Chinese heritage language learners. *The Modern Language Journal* 98. 2: 589 – 611.

Xiao, Yun 2004 L2 acquisition of Chinese topic-prominent constructions. *Journal of the Chinese Language Teachers Association* 39. 3: 65 – 84.

Xiao, Yun 2006 Heritage learners in the Chinese language classroom: Home background. *Heritage Language Journal* 4. 1: 47 – 56.

Xiao, Yun 2008 Charting the CHL developmental path. In Agnes Weiyun He and Yun Xiao, eds. , *Chinese as a Heritage Language: Fostering Rooted World Citizenry*, 259 – 266. Honolulu: University of Hawai'i at Mānoa, National Foreign Language Resource Center.

Xiao, Yun 2010 Discourse features and development in L2 writing of Chinese. In M. Everson and H. Shen. , eds. , *Research among Learners of Chinese as a Foreign Language*, 135 – 153. Honolulu: University of Hawaii Press.

Zhang, Jie 2012 Learner corpus investigation of epistemic stance taking by heritage learners of Chinese. Paper presented at the Chinese Language Teachers Association (CLTA) Meeting, Philadelphia, PA, November 16th – 18th.

Zhang, Jie and Tao, Hongyin 2018 Corpus-based research in Chinese as a second language. In Chuanren Ke, ed. , *The Routledge Handbook of Chinese Second Language Acquisition*, 48 – 62. New York: Routledge.

Zhang, Lihua 2014 College Chinese heritage language learners' implicit knowledge of compound sentences. *Heritage Language Journal* 11. 1: 45 – 75.

图书在版编目(CIP)数据

全球华语语法. 美国卷 / 邢福义总主编；汪国胜副总主编；陶红印主编. —北京：商务印书馆，2022
ISBN 978 - 7 - 100 - 20722 - 5

Ⅰ.①全… Ⅱ.①邢… ②汪… ③陶… Ⅲ.①现代汉语—语法—研究—美国 Ⅳ.①H146

中国版本图书馆 CIP 数据核字(2022)第 025867 号

全球华语语法

邢福义　总主编

汪国胜　副总主编

美国卷

陶红印　主编

商 务 印 书 馆 出 版
（北京王府井大街 36 号　邮政编码 100710）
商 务 印 书 馆 发 行
北 京 中 科 印 刷 有 限 公 司 印 刷
ISBN 978 - 7 - 100 - 20722 - 5

2022 年 7 月第 1 版　　　　开本 710×1000　1/16
2022 年 7 月北京第 1 次印刷　印张 10½
定价：69.00 元